Veröffentlichungen des Sankt Michaelsbundes, Band 7

Wolfgang Johannes Bekh

Vom Glück der Erinnerung

Dichter aus Bayern

Verlag Sankt Michaelsbund

ISBN 3-920821-16-5
Erste Auflage 2000
© 2000 by Verlag Sankt Michaelsbund, München
Printed in Germany. Alle Rechte vorbehalten
Satz und Layout: Rudolf Kiendl, München
Druck und Bindung: Humbach & Nemazal GmbH, Pfaffenhofen

Inhalt

Einleitung 6

Der Schöpfer des »Cenodoxus«
        Jacob Bidermann (1578–1639) 11

Zwischen Traum und Tag
        Hans Carossa (1878–1956) 17

Die Heimat, von der ich rede
        Wilhelm Dieß (1884–1957) 47

Welt am Donaustrom
        Georg Britting (1991–1964) 75

Vom Brandnerkaspar bis zum Geisterbräu
        Joseph Maria Lutz (1893–1972) 97

Bayerisches Bauernbrot
        Max Matheis (1894–1984) 119

Der Emigrant im Jägerhaus
        Oskar Maria Graf (1894–1967) 125

Warum mutet man uns zu, all das zu vergessen?
        Wugg Retzer (1905–1984) 135

Es gibt keine Ruh fürs Menschenherz als sein Stillestehn
        Benno Hubensteiner (1924–1985) 155

Bayerische und österreichische Allerseelendichtung 167

Nachweise 182

Zum Autor 184

Einleitung

Neulich hörte ich einen Norddeutschen vom Bayerischen Fernsehen sprechen und ostentativ den Ausdruck »Regionalfernsehen eines süddeutschen Bundeslandes« verwenden. Genau so, als ob »deutsch« nur in Hamburg möglich sei, und »bayerisch« nicht auch in Europa seinen Platz habe.

Im gleichen Augenblick leuchtete mir ein, daß es dieselbe nordhörige und nach Süden illiberale Haltung war, die dem deutschsprachigen Süden – er habe sich denn aus dem deutschen Nationalstaat ausgeklinkt wie Österreich – nur sogenannte Heimatdichtung zutraute. Was darunter zu verstehen war, haben freilich nicht allzuwenige Verserlschreiber des deutschen Südens mit ihrer kläglichen »Lustigkeit« hinreichend bewiesen. Sie haben den kleindeutschen Nationalstaatlern Argumente in Fülle gegen die große bayerische Literatur geliefert, die mit dem Abrogans im 8. Jahrhundert eindrucksvoll anhebt, mit der Stabreimdichtung Muspilli, dem Wessobrunner Gebet, dem Nibelungenlied und den Carmina Burana zum unversieglichen Schatz der Weltliteratur zählt, mit Namen wie Dietmar von Aist, Neidhart von Reuental, Wolfram von Eschenbach und Wernher der Gartenaere glänzt.

Ich liebäugelte für diesen Band ursprünglich – wie schon einmal – mit dem Titel »Verhüllte Bildnisse«. Es handelte sich ja bei den hier vorgelegten Dichterporträts, die Werk, Landschaft und Leben zusammenschauen, um die Beschreibung literarischer Erscheinungen, die sich aus dem Bewußtsein der Öffentlichkeit fortgestohlen hatten. Diese Öffentlichkeit wurde von angeblich objektiven, in Wahrheit tendenziös auswählenden lexikalischen Werken so ärgerlich in Unkenntnis gehalten, daß vielfach gar die Namen dieser Dichter in Vergessenheit geraten waren. Die Zeiten haben sich unterdessen geändert. Der lange Jahre als hinterwäldlerisch verketzerte Begriff »Heimat« gilt wieder etwas, und es zeigt sich auf einmal, daß große Dichtung von je Heimatdichtung war. Kurzum, wir entdecken wieder den Boden, dessen nach einem Wort Heinrich Bölls jedes Kunstwerk bedarf.

Vier Essays wurden aus dem seit langem vergriffenen Band »Dichter der Heimat« hereingenommen: Da ist einmal Georg Britting, ein Stilkünstler von hohen Graden. Er taucht aus dem Donaudämmer als einer unserer unverwechselbaren Expressionisten auf. Hans Carossa, der seine Erinnerungen in den Glanz einer meisterlichen Sprache hebt, ersteht vor unserem lesenden Auge als einer der Großen, die in deutscher Zunge dichteten. Wilhelm Dieß, Verfasser der unvergleichlichen »Stegreifgeschichten«, gab einem seiner Erzählungsbände den Titel, der über dem ganzen vorliegenden Buch stehen könnte: »Die Heimat, von der ich rede.« Joseph Maria Lutz schließlich, der Dichter des »Brandner Kaspar«, stiller Sonette und meisterhafter Erzählungen, verdient schon längst einen Nachdruck seiner Werke. Neu hinzu kamen Arbeiten über Jacob Bidermann, den neulateinischen Dichter des Cenodoxus und Philemon, über Oskar Maria Graf, eine der wichtigen Gestalten des »Lands vor den Bergen«, dessen Name auf eine Umfrage nach den Klassikern der bayerischen Literatur noch im Jahre 1977 nicht ein einziges Mal genannt wurde, über Max Matheis, den bescheidenen Dichter des eindrucksvollen, von Kennern der Literatur gerühmten Gedichtbandes »Bayerisches Bauernbrot«, über Wugg Retzer, den Schilderer des niederbayerischen Bauernlandes, einen Sprachkünstler, den es wieder zu entdecken gilt, und schließlich über Benno Hubensteiner, einen Historiker, der seine Wissenschaft in einer Sprache vortrug, die sie in den Rang großer Literatur hob. Eine Betrachtung über die bayerische und österreichische Allerseelendichtung ist als eigenes Kapitel angefügt, das den ewigen Urgrund wie ein Stück blauen Himmels im Wolkenmeer aufreißt, der von je Antrieb und Ziel jeder, auch der hier vorgestellten Dichtung war.

Gewiß, Jakob Bidermann aus Ehingen, der in München zu Ruhm und Ehren kam, steht ein wenig isoliert in seinem Jahrhundert und reichlich fern den anderen hier Porträtierten. Im Umkreis von Bidermann blühte in Bayern immerhin die neulateinische Dichtung; es gab klassische Dichter das ganze 17. und 18. Säkulum, bis herauf ins beginnende 19. Jahrhundert: Es schieben sich zwischen Bidermann und den Zeitraum der hier Porträtierten Namen wie Conrad Celtis, Jacob Balde, Aventinus, Hans Sachs, Jeremias Drexel, Mathias Etenhueber, Anton von Bucher, Lorenz Westenrieder und schließlich Jean Paul, dem König Ludwig I. in Bayreuth ein Denkmal setzen ließ.

Unübersehbar vielfältig wird die Dichterschar im ausgehenden 19. Jahrhundert, ja das ganze 20. Jahrhundert hindurch. Da schrieben Friedrich Rückert, Franz von Pocci, Joseph Schlicht, Franz von Kobell, Josef Ruederer, Ludwig Ganghofer, der Waldschmidt, Georg Queri, Ludwig Thoma, Josef Hofmiller, Heinrich Lautensack, Eduard Stemplinger, Julius Kreis, Max Dingler, Lukas Kristl, Max Peinkofer, Ernst Hoferichter, Lion Feuchtwanger, Ernst Toller, Bertolt Brecht, Paul Friedl, Eugen Roth, Karl Valentin, Johannes R. Becher, Waldemar Bonsels, Alfred Andersch, Carl Orff, Josef Martin Bauer, Carl Oskar Renner, Peter Dörfler, Arthur Maximilian Miller, Sigi Sommer. Und nicht zuletzt die großen Frauen: Lena Christ, Emerenz Meier, Mechthilde von Lichnowsky, Annette Kolb und Marieluise Fleißer.

Drei Innviertler wurden bereits in dem erwähnten Essayband »Dichtung der Heimat« ausführlich gewürdigt: Franz Stelzhamer (ebenbürtig dem Alemannen Johann Peter Hebel), Hans Schatzdorfer (bekannt als »Hans von Piesenham«) und Richard Billinger (dessen Lyrik nie ganz in Vergessenheit geraten war, der als Theaterdichter aber erst wieder entdeckt werden muß; da Ratio unsere Wälder vernichtet, müßte der Dichter der »Rauhnacht« und der »Rosse«, der »Francois Villon« des Inn- und Donaulandes – schon allein wegen seines ungebrochenen Verständnisses der Natur – inzwischen verstanden werden). In diesem Band fanden sich auch Porträts von Martin Greif, den Mörike bewundert und gefördert hat, von Karl Stieler, dessen »Winteridyll« schon den Prosaisten Paul Heyse bezauberte, und von Karl Heinrich Waggerl, um den es in den letzten Jahren zu Unrecht still geworden ist.

Wenn im vorliegenden Buch weitere Dichter in eine von Vertrautheit und Liebe getragene Betrachtung einbezogen werden, so kann es wiederum nur eine geringfügige Auswahl sein, der, so Gott mir die Zeit und Kraft gibt, auf dem Weg zu einer Geschichte der Literatur meines Vater- und Mutterlandes noch weitere Beispiele folgen sollen; zunächst sei dabei an die unglückliche und große Lena Christ gedacht. Vollständig wird mein Bemühen, darüber bin ich mir im klaren, niemals sein.

Dieses Bekenntnis sei hier am Schluß des Vorworts abgelegt: Mir lag bei meiner Arbeit in keinem einzigen Fall am Abstand, sondern – wie Thomas Mann einmal sagte – am »Aufblick zum Großen und Meisterhaften«. Kritik wurde und wird viel geübt, »aber um das Schöpferische steht es klatrig«. Hier wurde Bewunderung gezollt, und zwar dem selten gewordenen Schöpferischen.

DER SCHÖPFER DES »CENODOXUS«

JAKOB BIDERMANN
(1578 – 1639)

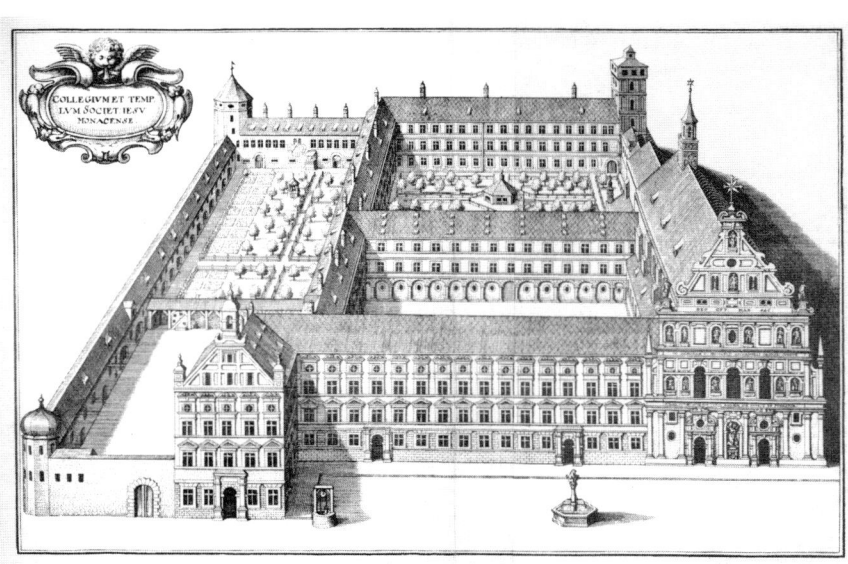

Die »Bayerische Bibliothek«, dieses Pantheon bedeutender Meister des Worts, zählt ihn mit Jeremias Drexel und Jakob Balde zu den »großen Drei« der Barockliteratur: Jacob Bidermann. Gleichwohl ist sein Name – wie die vielen anderen dieser mit dichterischen Begabungen gesegneten Zeit – nur Literaturkennern ein Begriff. Umso notwendiger erscheint es, dieses Mannes zu gedenken.

Geboren wurde Jacob Bidermann 1578 im heute württembergischen, damals vorderösterreichischen Ehingen an der Donau. Es ist eine den Altbayern und Schwaben mit ihrem vorwiegend von Tiroler und Wessobrunner Künstlern geprägten gegenreformatorischen Barockjubel urvertraute Landschaft.

Im Augsburger Gymnasium empfing Bidermann seit seinem achten Lebensjahr die humanistische Ausbildung. Und nicht nur das: er zählte zu den besten Schülern Pater Matthäus Raders, der selbst ein bekannter Schriftsteller war. In einem lateinischen Epigramm gedachte Rader später seines Schülers. Übersetzt lautet es: »Von den tausenddreihundert Schülern bleiben mir drei unvergeßlich: der gelehrte Stengel (Georg, 1584–1651), der fromme Drexel (Jeremias, 1581–1638) und Bidermann, der zugleich ein zweiter Juvenal, Aristoteles, Cicero und Virgil ist.«

Bidermann, dem also von Rader eine frühzeitig entwickelte Virtuosität und Schöpferkraft im Gebrauch der lateinischen Sprache bescheinigt wurde, trat im Alter von sechzehn Jahren dem Jesuitenorden bei und studierte auf der bayerischen Alma mater in Ingolstadt, der Stätte so bedeutender Lehrer wie Celtis, Eck, Aventin, Reuchlin, Apian, Agricola, Canisius und Wiguläus Hund.

Im Jahre 1606 wurde Bidermann als Gymnasialprofessor ans Münchner Jesuitenkolleg berufen. Hier blieb er acht Jahre, um nachfolgend bis 1625 in Dillingen an der Donau zu lehren. Bidermann war also die längste Zeit seines Lebens im bayerisch-schwäbischen Raum ansässig und verfaßte hier seine großen Werke.

Nach München brachte Jacob Bidermann schon ein erstes lateinisches Theaterstück mit, das er vier Jahre zuvor, im Alter von

24 Jahren, geschrieben hatte: den »Cenodoxus«, sein berühmtestes Werk. Im Jahre 1609 durften Bidermanns Schulbuben dieses Stück im Münchner Jesuitenkolleg neben der Michaelskirche aufführen. Den meisten Münchnern war zwar die lateinische Sprache nicht geläufig, doch werden sie vermutlich den Inhalt des Stücks auf einem Theaterzettel erklärt bekommen haben. Höchst aufmerksam und mit schauderndem Vergnügen werden sie – als komödiantisches und theaterfreudiges Volk – der mit dem Faust-Stoff verwandten Geschichte vom gelehrten Doktor aus Paris gefolgt sein, der so fromm seine Hände falten konnte und es im geheimen doch mit dem Teufel hielt. Sicher waren sie's auch zufrieden, daß Gott ihn zuletzt verdammte und hinunterschickte in die Hölle. Der »Cenodoxus« erfreute sich beim Publikum derartiger Beliebtheit, daß ihn Bidermanns Zeitgenosse, der aus dem östlichen Niederbayern (dem heutigen Innviertel) stammende kurfürstliche Geheimschreiber Joachim Meichel kongenial ins Deutsche übersetzte.

Jacob Bidermann, der von Anfang an beständige Förderung durch seinen Lehrer Rader erhalten hatte, schuf ein überaus vielseitiges Werk: Epigramme, religiöse Epen, hagiographische Schriften, Editionen lateinischer Klassiker und nicht zuletzt eine Sammlung deutschsprachiger Lieder, die zum Teil heute noch im gottesdienstlichen Gebrauch sind. Mit seiner »Utopia« verfaßte er einen der wenigen Romane der bayerischen Barockliteratur. Seine Dramen schließlich gelten neben Baldes und Drexels Werken als Beispiele deutscher Barockdichtung von europäischem Rang.

In seinem an Bekanntheit dem »Cenodoxus« kaum nachstehenden Drama »Philemon Martyr« schildert Bidermann das Geschick des antiken Schauspielers Philemon, der als wackerer Antichrist in die Rolle eines christlichen Märtyrers schlüpfen und nebenbei den Glauben der verhaßten Christen verspotten mußte. Aus dem Spott wurde Ernst: Philemon versetzte sich so lebhaft in die Lage des von ihm dargestellten Blutzeugen, daß er selbst Christ und als mutiger Bekenner den wilden Tieren zum Fraß vorgeworfen wurde.

Zu Münchens Achthundertjahrfeier 1958 wurde der »Philemon« vom Münchner »Theater der Jugend« unter der Regie seines damaligen Leiters Sigfried Jobst, man kann schon sagen: zum Siege geführt. Die Rohübersetzung besorgten Münchner Franziskaner, die dichterische Fassung stammte aus der Feder des bekannten Dramatikers Bernt von Heiseler. Weil Philemon auch unter bittersten Qualen allzeit fröhlich blieb, nannte Heiseler seine Fassung: »Philemon, der fröhliche Martyrer«. Die Aufführung wurde, wie gesagt, ein Sensationserfolg, nicht zuletzt wegen der von Bidermann schon an die äußersten Grenzen einer skurrilen Lächerlichkeit getriebenen heidnischen Götterwelt (die in München auf Stelzen und in Masken wie ein Hexensabbath durcheinanderwogte), vor allem wegen der ergreifenden Darstellung der Titelrolle durch den unvergeßlichen Konstantin Delcroix. Hier wurde offenbar, daß alle Dramen Bidermanns, ganz abgesehen von ihrem Humor, Freude ausstrahlen oder, wie Bidermanns Biograph Meinrad Sadil es formulierte, »ein Gefühl der Gottseligkeit«. Dennoch steht bei Bidermann neben aller Fröhlichkeit (oder vielleicht gerade deswegen) immer auch die Sorge um das ewige Heil, das es zu erringen gilt.

Jacob Bidermann gehört zu den herausragenden Gestalten seiner Epoche. Seine Bedeutung war nie ganz vergessen. Franz Lang (Wirtssohn aus Aibling, Rhetorikprofessor und fruchtbarer Theaterdichter) rühmte Bidermann um 1720 in seiner »Defensio Bidermanni« als »scharfsinnig, sanft, heldenhaft, anmutig, geistreich, fromm und lieblich«. Das geschah fast hundert Jahre nach dem Tode Bidermanns, der, als Assistent seines Ordensoberen nach Rom berufen, am 20. August 1639 in der Ewigen Stadt starb. Um wieviel mehr haben wir heute, da wir Vergleichsmaßstäbe besitzen und die Größe seines Werkes ermessen können, Anlaß, seiner zu gedenken! Die bayerischen Bühnen, wenn sie sich auch nicht mehr, wie es noch Schiller tat, als »moralische Anstalten« begreifen, sollten sich an diesen Barockdichter erinnern, zumal sein Werk zu allen Zeiten bis herauf in die Gegenwart vorzügliche Übersetzer gefunden hat.

O Gott gib uns dein Kraft und Stärk
zu diesem angefangnen Werk,
gib Gnad und Segen Jesu Christ,
der du der wahre Heiland bist.
Seel, Herz und Gmuet samt Leib und Leben
sei dir in Ewigkeit ergeben.
Fahr hin, o Welt, mit Guet und Geld,
fahr hin all Freud auf dieser Welt.

(Schlußverse des »Cenodoxus« in der
barocken Übersetzung von Joachim Meichel)

Zwischen Traum und Tag

Hans Carossa
(1878 – 1956)

Und wie manche Nacht
Bin ich aufgewacht,
Lag so hell der Mond auf Bett und Schrein!
Sah ins Tal hinaus -
Traumhell stand dein Haus -
Tiefer träumend schlief ich wieder ein.

War einer, der so dichtete, ein Goethe-Epigone? Dieser Vorwurf ist gegen Carossa laut geworden. Man erinnert sich aber, daß auch Thomas Mann in die Nähe des Weimarer Olympiers gerückt wurde – als »Thomas Goethemann« verspottete ihn eine zeitgenössische Karikatur – und daß er in seinen späten Lebensjahren an einen jungen Verehrer schrieb: »Ich habe mein Leben in Bewunderung hingebracht, im Aufblick zum Großen und Meisterhaften, einem Aufblick, der gewissermaßen auch Einblick war, so daß das Große ein kleines bißchen abgefärbt haben mag auf das Werk meiner Hände, das aber bestenfalls nur ein Abglanz ist.«

Ein Abglanz. Man könnte auch sagen, daß ein Halt am Außerzeitlichen gesucht wurde in einer Zeit zarter Sensibilität und sublimer Dekadenz, in einer Zeit, die Carossa in seinen Erinnerungen suchend umkreist:

> An einem Wintersonntag des Jahres 1878 wurde ich zu Tölz in Oberbayern geboren. An diesen schönen vielbesuchten Badeort, bei dem die grüne Isar aus den Alpen hervortritt, sind mir leider nicht viele Erinnerungen geblieben; mein bewußtes Leben begann erst in dem nahen Königsdorf, wo sich mein Vater bald nach meiner Geburt als Arzt niederließ. Wir bewohnten hier sieben Jahre lang ein kleines einstöckiges Haus, in dessen unteren Räumen die Kranken behandelt wurden; oben lagen die Familienzimmer. Wie es in diesen aussah, wüßte ich nicht mehr zu sagen; dagegen lebt mir das Draußen vor dem Fenster noch klar im Gedächtnis, auch mancher wertlose Gegenstand, dem ich erste Freuden verdankte. Das Schönste war eine große durchsichtig blaue Glasperle, die jemand oben am Fenster aufgehängt hatte, so daß ich sie nach Belieben hin und her pendeln lassen konnte, schnell und kurz, langsam und weit, und immer schien ihre Bewegung mit allem, was ich sonst wünschen und beginnen mochte, geheimnisvoll ineinanderzugehen.

Man kann nicht Hans Henny Jahnn und Hermann Broch gegen Carossa – und Hesse – ausspielen, wie es Karl Heinz Deschner in einer Streitschrift getan hat. Man kann nicht behaupten, daß Carossa mit seiner Prosa zweihundert Jahre zurückgreift. Man müßte redlicherweise zugeben, daß er die Sprache seiner Zeit spricht, die Sprache von 1910 und 1920.

Man müßte auch zugeben, daß die Umkehr ehemaliger Symbolisten und Expressionisten legitim ist, das Ordnen der chaotischen Seele in chaotischer Zeit, wie wir es an Strawinski und Strauss, an Hauptmann und Hofmannsthal beobachten, an Hofmannsthal besonders, der 1915 einem Essay in der Wiener Presse den programmmatischen Titel gab: »Aufbauen, nicht einreißen!«, und daß es vielleicht Carossas Hauptfehler war, nicht schon um 1930 gestorben zu sein, wie die anderen Genien seiner Generation, die gleichsam auf Verabredung aus ihrer Zeit hinausschritten, wie Dehmel und George, wie Trakl und Rilke, wie Hofmannsthal. Und wie Proust.

Carossas Werk steht 1930 im wesentlichen abgeschlossen vor uns. Die frühestens Gedichte sind unter dem Titel »Stella mystica« bereits 1907 erschienen, weitere Gedichte folgen 1910, die erste epische Arbeit »Doktor Bürgers Ende« 1913, die Gedichte »Die Flucht« und »Ostern« 1916 und 1920. Das Buch »Eine Kindheit« 1922, das »Rumänische Tagebuch« 1924, »Die Verwandlungen einer Jugend« 1928. Auch die Arbeit am »Arzt Gion« ist 1930 schon beendet.

> Merkwürdiger als alles aber war die Chinesische Mauer, die der Vater einmal erwähnte; etwas Entlegeneres gab es nicht in der Welt, und beide Eltern meinten, man könne sie von Königsdorf aus nicht sehen. Um so größer war mein Entzücken, als ich sie schon am nächsten Vormittag von einem Hügel aus ungefähr in der Richtung von Wolfratshausen dennoch entdeckte. Schimmernd weiß lief sie einen dunklen Höhenzug entlang und verschwand hinter den Wäldern.

Dieses Erlebnis gehört für Carossa zu jenen allerfrühesten, auf deren Auftauchen in der Erinnerung die Psychologen so großen Wert legen.

Einmal, als ich in der Kutsche, neben dem Vater sitzend, über die Loisachbrücke fuhr, wurde mir sehr klar, daß ich, falls ich eine gewisse schräge Richtung nach rechts einhielte und geschwind genug liefe, das Wasser zu Fuß überqueren könnte. Man mußte nur laufen, ohne zu denken, so rasend schnell, daß einem zum Versinken gar keine Zeit blieb, dann konnte nichts fehlen. Langsam befestigte sich der Gedanke; schließlich verriet ich ihn der Forelle.

So nannte er die erste Gespielin, an die er sich erinnerte, gleichaltrig mit ihm; sie raunt und zaubert und ist voll früher Weibeskraft.

Sie sagte, das sei nichts Neues, sie selber sei schon einmal von Seeshaupt bis Ammerland über den Starnberger See gelaufen und habe dabei nicht einmal einen nassen Rock bekommen. »So ganz ohne Nücken ist das Ding freilich nicht«, ergänzte sie jedoch mit besorgter Miene. »Wenn du kein Sonntagskind bist und das Wort nicht weißt, das du beim Laufen immer vor dich hinsagen mußt, helfen dir die flinksten Beine nichts.«

Carossas Riesen-Erinnerungswerk kreist immer um die gleichen Schlüssel-Erlebnisse, um den Schlüssel im buchstäblichen Sinn, der überhöhte Bedeutung annimmt als Schlüssel zum Reich der Vergangenheit, und um das Zauberwort, das man wissen muß.

Froh, die Vorbedingung der sonntägigen Geburt erfüllt zu wissen, suchte ich ihr sogleich das Zauberwort abzuschmeicheln, und wirklich, als ich ihr die blaue Perle bot, vertraute sie es mir an; es hieß: Ogolúr! Ogolúr! Ja, sie schenkte mir noch drei Haselnüsse dazu, die sollte ich beim Laufen fest in der linken Hand halten, wodurch Ogolúr an Kraft gewönne. Am Ostermontag nach dem Essen waren die Eltern nach Tölz gefahren, ich stand allein am Fenster, da kam, gemächlich knirschend, der gelbe Postwagen den Hügel herab. Der Postillion, prangend in Silber und Blau, begann auf dem Horn ein Lied zu blasen, es durchfuhr mich unüberwindlich; mit laut schlagendem Herzen sprang ich auf die Straße, sah den Kopf des Bläsers nach der anderen Seite gewendet und saß im Nu hinten auf dem Trittbrettchen, dunkel entschlossen, bis zur Loisach mitzufahren. Bald blieb das Dorf zurück, und ruhig, unter blauem Himmel, ergab sich das Wohlbekannte: gereihte Birken längs dem Straßengraben, wo schon Dotterblumen und Mehlprimeln blühten, das kupferbraune Moor mit aufgestapeltem Torf, und hinter allem die hell verhüllten Gebirge. Der Postillion blies Lied um Lied; ein weißes Gestäube ging von den Rädern aus. Dann und wann griff ich nach den Haselnüssen und wiederholte mir das Wort Ogolúr ... Plötzlich fiel mir auf, daß ich die Gegend, welche wir nun durchfuhren, gar nicht kannte; nie hatte ich so viele Blumen gesehen, nie so große Steine, ich begann mich zu fürchten ... Unverhofft endete die Fahrt an einem großen weißen Hause, an dem ein blaues Briefkästchen angebracht war; ich vernahm ein behaglich-gleichmäßiges Gesumm, dazwischen Zitherspiel, Gesang und Kegelkugelrollen, und sah in einen offenen Wirtshausgarten hinein, wo viele Leute vor großen grauen Krügen an langen Tischen beisammen saßen. Wie von Schlägen mürbe ließ ich mich abgleiten und wurde bald von staunenden Kindern umringt und jungen Müttern zugeführt. Sie fragten mich, wem ich gehöre, wuschen mir am Brunnen mein verstaubtes Gesicht und wußten jedes Bedürfnis. Endlich setzten sie mich zu ihren Männern am Tisch, brachten Ostereier, Brezeln und Milch und sprachen dabei immer von meiner Mutter, wie sie sich um mich ängstigen werde. Zuletzt beschlossen sie, mich dem Postillion, der nach zwei Stunden zurückkehren mußte, einfach wieder mitzugeben. Nachdem ich an den Speisen satt geworden, zogen mich die Kinder fort. Wir einigten uns auf ein Versteckspiel. Bald war auch ich an der Reihe, mich zu verbergen und gesucht zu werden. Ein langer scheunenartiger Bau schien meinem Zweck dienlich; ich trat ein und sah, während ich mich im dämmrigen Raum weitertastete, wie gerade durch eine Luke am Boden der andern Seite etwas unbeschreiblich Schönes ins hereinfallende Licht hinaus entschwand ... Begierig sprang ich nach und zwängte mich durch das Pförtchen. Es gelang nicht leicht; meine Jacke zerriß, Knöpfe hüpften davon, endlich stand ich draußen im Freien bei einem herrlichen Pfau. Jetzt aber, ganz nah, schollen die Rufe der Verfolger. Vor mir stand Schilf und kahles Gesträuch als einziger Unterschlupf – plötzlich stieß das gleißende Tier einen Schrei aus, scharf, böse wie ein Schimpfwort, – erschrocken brach ich mit einem Satz in das Dikkicht ein und stürmte, Geflecht und Geschling überwindend, unaufhaltsam vorwärts, bis ich an eine kiesige Fläche gelangte; hier hielt ich und horchte. Die Kinder waren still, der Pfau war still; ein leises Tosen erschütterte den Boden, und breit hinaus, durch Strauch und Pflanzengefüge, glänzte Wasser. Ich sah mich in der Nähe um. Nur schmaler trockener Grund schied mich von allerlei Tümpeln und Lachen mit schwarzem, halbüberschwemmtem Gestrüpp; hier hatten sich viele Holz- und Schilfstückchen gesammelt, dicht aneinanderliegend schwammen sie wie kleine Matten auf dem unruhigen Wasser, zierliche Vögel standen darauf und ließen sich schaukeln. Draußen aber war die große zu Wirbeln verzogene Flut.

Da wars, als hörte der Fluß zu fließen auf, als triebe vielmehr ich selbst samt dem Ufer mit rasender Gewalt ins Unbekannte. Zugleich spürte ich einen leichten Schwindel und wagte von der täuschenden Ferne nicht wegzuschauen. Ich entsann mich auch dabei, daß ich über die Loisach hatte laufen wollen, und irgendwo in der Unendlichkeit flog das Wort Ogolúr. Drüben, jenseits des Flusses aber nahte jetzt Musik, mir schien von einer Ziehharmonika, dazu heller vollstimmiger Gesang, ein Flirren von buntem Kleid oder Band. Da verlor sich das Trügende, das Wasser floß wieder, und während Musik und Farben sich entfernten, trieben auf den Wellen allerlei Gegenstände herunter: ein Stuhl, ein Rechen, ein Backtrog, und ganz nahe, in schrecklicher Wahrheit, ein bräunliches Tier mit kugelhaft geblähtem weißen Bauch und entblößten schimmernden Zähnen. Dieser Anblick weckte unermeßliches Heimweh, bedroht schien die Rückkehr zur Mutter, und als nun gerade ängstlich, fast zornig die suchenden Kinder nach mir schrieen, wars wie ein Glück. Ich folgte mit lauten Antwortrufen, ... stürmte weiter und langte heiß und froh im Garten an. Schon stand der Wagen zur Abfahrt bereit. Ich nahm Abschied von den kaum gewonnenen Gespielen und lud alle zu einem Besuch in Königsdorf ein ... Als wir bei Vollmond und letztem Tageslicht in Königsdorf einfuhren, stand an einem Gartenzaun die Forelle. Sie machte ein böses Gesicht, drohte mir mit dem Finger und schrie: »Freu dich, Ausreißer! Dir ist eingeheizt. Die Rute liegt auf dem Tisch.«

Ich aber ohne zu überlegen, ... log aus Herzensgrund: »Ogolúr! Ogolúr! Ich fürchte mich nicht! Über die Loisach bin ich gelaufen. Bei den weißen Hirschen bin ich gewesen ...!«

Als Carossa sieben Jahre alt war, siedelte die Familie nach Pilsting über, unweit Landau an der Isar. Der Dichter nennt den Schauplatz der Kindheit verfremdend »Kading«:

Aus Kading, einem schönen Marktflecken der niederbayerischen Ebene, war der alte Ortsarzt fortgezogen, und rasch besetzte mein Vater den Posten. Am nördlichen Ende des Marktplatzes, im Gasthaus zu den drei Helmen [so verfremdet Carossa den »Landshuter Hof«] erhielten wir eine Wohnung mit vielen großen Zimmern ...

Wenn wir zwei Kinderphotographien, die des neunjährigen Hans Carossa und diejenige des zwölfjährigen Marcel Proust betrachten, staunen wir über manche Ähnlichkeiten. Hier wie dort der weit umgelegte weiße Kragen, die üppig geschlungene Halsschleife und der schwarzsamtene Sonntagsanzug. Der breitkrempige Hut ist vom sorgsam gekämmten Kopf genommen, aber noch im Bild, gleichsam um sofort wieder aufgesetzt zu werden, der Hintergrund vom obligatorischen Landschaftsprospekt begrenzt. Noch deutlicher sogar werden die Gemeinsamkeiten durch die Unterschiede. Und trotz aller Problematik, die solchen Vergleichen innewohnt, fällt auf, daß es bei Carossa, wie bei Marcel Proust, dessen Werk eine einzige überhöhte Autobiographie ist, dieselbe Überbetonung der Kindheit gibt, dasselbe unersättliche Kreisen ums Ich.

> Als Schreibender, dies war mir klar, würde ich voraussichtlich immer den Verzweigungen des eigenen Lebens nachgehen.

Bis zur Praxis der Verfremdungen reichen die Gemeinsamkeiten: Wurde dem einen die Stadt Illiers zu Combray, so dem andern Pilsting zu Kading. Wir erleben die Wandlung der Wirklichkeit zur Literatur.

> Einen Sommer lang bewohnte den Garten beinah täglich ein seltsamer Gast. Wann er zum erstenmal erschien, habe ich nie gewußt, er war einfach zugegen. Der Vater nannte ihn Onkel Georg und behandelte ihn mit großem Respekt ... Besuchern bot er gelegentlich seine Schnupftabaksdose und erzählte behaglich, ein österreichischer Erzherzog habe sie ihm als Zeichen besonderer Huld geschenkt.

Briefe an den geheimnisvollen Fremden, der ein Onkel seines Vaters ist und wegen eines schweren Herzleidens Heilung bei dem Neffen sucht, tragen die Aufschrift »Ehemaliger Zauberkünstler«. Der Alte ergötzt den Knaben mit manchen Taschenspielerstückchen. Als er nach einem schweren Herzanfall zu sterben droht, drängt sich der Knabe an sein Lager und fragt:

> »Wenn du stirbst, schenkst du mir deinen Zauberstab?«
> »Möchtest du denn, daß ich bald sterbe?« fragte er schnell.

>»Nein!« entgegnete ich. »Aber bald einmal mußt du ja doch sterben, und ich lebe dann noch lange Zeit.«
>»Woher weißt du das?«
>»Ich bin klein, du aber steinalt. Und in der Ewigkeit brauchst du doch keinen Zauberstab mehr.«
>Er sah mich eine Weile mit sonderbarem Ausdruck an; dann stöhnte er und raunte:
>»Der Stab allein tut es nicht, man muß auch das Zauberwort wissen.«

Noch einmal kommt der Zauberer auf die Beine und zeigt dem neugierigen Knaben ein besonders schweres Kunststück: wie man ein Taschentuch verbrennt und wieder ganz macht. Als der Großonkel wirklich ins Reich des Todes hinübergeht, entwendet ihm der Knabe Zaubermantel und Stab und kündigt eine Zauberkünstlervorstellung im Wirtssaal an. Wie groß ist seine Beschämung, als er einem Kadinger Buben das schön bedruckte Namenstagstüchlein verbrannt hat und es ihm nicht mehr zurückschaffen kann!

> Auf einmal, mitten im fiebrigen Mühen, überfiel mich die schrecklichste Erkenntnis. Vergeblich war alles, verpfuscht von Anbeginn, der Fehler stand kraß vor Augen und war nicht gutzumachen. »Der Stab allein tut es nicht, man muß auch das Zauberwort wissen.«

Man hat über Carossas kalligraphisches Meisterwerk, seine Handschrift, gerätselt, und auch hier das Vorbild Goethes vermutet. Völlig zu Unrecht. Auf dem Dachboden fand er einmal ein altes Heft mit handgeschriebenen Gedichten:

> Es waren die Oden und Epoden des alten Jacobus Balde, von einem frühverstorbenen Bruder der Mutter aus dem Lateinischen übersetzt. Sehr ergötzte mich die zierliche altmodische Handschrift, und wenn ich allein war, ahmte ich sie nach, was eigentlich leicht gelang, als wäre die Hand schon dafür vorbereitet gewesen ... die spielerisch angenommene Schreibart wollte sich später nicht mehr ausmerzen lassen; sie wuchs lebendig mit mir weiter, so daß ich sie an meiner Handschrift heute noch erkenne.

Zur Vorbereitung auf den Eintritt ins Landshuter Gymnasium geht er einmal in den Pfarrhof:

Ich verfehlte das Zimmer des Hochwürdigen und geriet in ein halbhelles Hauskapellchen, das ich zwar schleunig wieder verließ, aber doch erst, nachdem ich mich ein wenig umgeblickt hatte. Ein Betstuhl stand vor dem spitzigen Altar; auf diesem selbst aber entdeckte ich zwischen zwei knieenden silbernen Engeln einen gläsernen Schrein, darin lag auf dunkelviolettem Sammet ein knöcherner Arm, besetzt mit Edelsteinen, der mich furchtbar an den anderen toten Arm erinnerte, jenen verhängnisvollen,

den der Knabe in einer Gerümpelkiste gefunden hatte, einen präparierten Menschenarm, der aus der Studentenzeit seines Vaters stammte. Und nun kommt es zu einem für den jungen Kadinger bezeichnenden Vorsatz:

Der Kopf war mir betäubt und klar zugleich, als ich den Pfarrhof verließ. Mitten auf dem Platz fiel mir ein, daß ich vergessen hatte, noch einmal nach dem toten Arm zu sehen, doch sagte ich mir, daß es nicht mehr nötig war. Phantasie hatte ihr Werk vollendet: jenes unselige weggeworfene Glied aus der Gerümpelkiste und das fromm geschmückte hier im gläsernen Schrein, schon waren sie eins in mir geworden, und ich wußte, daß ich mir künftig das eine nur noch als das andere denken würde. Das war ein großer neuer Besitz; ich beschloß, ein Geheimnis daraus zu machen, auch vor mir selber, und der Wirklichkeit nicht weiter nachzuforschen.

Die Arbeit an seinem Buch über die Kindheit hat Carossa 1915 begonnen. 1917 schrieb er an eine Freundin aus dem Feld: »Ich sitze in meinem Blockhaus ganz allein, während es draußen im Walde schneit schneit schneit ... und ich bin sehr fleißig wieder einmal bei der Prosa ... Allmählich erst erkenne ich, was ich da, halb unbewußt, unternommen habe, die Entwicklung einer Seele aus ihrem innersten Kern und Keim heraus.«

Hermann Hesse schreibt 1929 an Hans Carossa: »... da fiel mir ein, daß dieser Schwirrfalter irgendwo in einem Buch von Ihnen vorkommt, und daß das eine Lieblingsstelle von mir ist, und ich fing am Abend an zu suchen und fand es auch bald, das Gartenkapitel in der ›Kindheit‹, und seither lese ich wieder das Buch, das mir eins der liebsten aus unserer Zeit ist.«

Das ist die Stelle, auf die sich Hesse bezieht:

> So flogen zu den lila Dolden, die jetzt aus der Urne herabhingen, sehr scheue Schmetterlinge, die sich niemals niederließen, sondern schwebend sogen, wobei sie, mit Wirbelschnelle flatternd, ihre Form nicht verrieten, immer ein rätselhaftes gelbgraues Nichts.

Auch Rilke liebte das Buch »Kindheit«. Er schrieb 1923 an den Verleger Kippenberg: »Man muß es für etwas durchaus Wunderbares halten, und es wird sich unerschöpflich als ein solches erweisen.«

Bei einem Besuch in Muzot nach Rilkes Tod fand es Carossa in der dortigen Bibliothek: »Beim Aufschlagen fielen getrocknete Rosenblätter heraus; es gehörte zu Rilkes Eigenheiten, sich auf diese Weise von Büchern zu verabschieden.«

Tief bewegt ist Hermann Hesse von einer bestimmten Stelle im Erinnerunsgwerk des Dichters Carossa. Der aus dem Krieg verwundet und gealtert Heimgekehrte gelangt eines Tages in seine alte Heimat, an den Schauplatz seines Buches »Kindheit« zurück, sieht den Fleck Erde wieder, der einst der Garten seiner Mutter war und den er in Worten voll Zauberkraft gezeichnet hat.

> Am Zaun stand Eisenhut, der als giftig verrufene, der aber ein Geheimnis verwahrt, nur Kindern bekannt: man braucht ihm nämlich nur seinen Helm abzunehmen und hat nun zwischen den Fingern den zierlichsten violetten Wagen, den winzige Täubchen an langen silbernen Deichseln ziehen. So spielte der Pflanzengeist in unzähligen allversuchenden Formen um uns, und ich spielte, so gut ich vermochte, mit ihm. Langsam aber gewöhnte mich die Mutter, gewisse Blüten nur um ihrer schlichten Schönheit willen zu verehren. Im zweiten Jahr sah ich schon manches mit ihren Augen an, und schließlich erlebten wir immer dann unsere höchste Gartenfreude, wenn aller Formentaumel plötzlich aufgehoben schien und nach langem, strengem Knospentum der einfache Gedanke der Rose vor uns aufging.

In dem schon erwähnten Brief aus dem Feld schreibt Carossa über die Gestalt der Mutter: »Seltsam, meine Mutter wird mir so wesenhaft über dieser langsam wachsenden Arbeit; ich entdecke sie gleichsam erst, viele Züge, einst kaum bemerkt, werden so deutlich.«

Und Hermann Hesse beschreibt also die Heimkehr des gealterten Carossa. Dieser gedenkt der Mutter, der er einst, als kleiner Knabe, bei der Anlage und Pflege dieses Gartens geholfen hat.

> Er lag verwildert, unbebaut, zwischen verfaulenden Zäunen. An Beeten- und Rabattenordnung erinnerte nichts, und keine der kostbaren Blumen leuchtete mehr, keine Rose, kein Phlox, keine Balsamine, keine Nordlichtverbene. Den Raum erfüllten Zwergholunder, Disteln und Nesseln, all die zähen Feinde, die vormals unseren jätenden und untergrabenden Händen erlegen waren.

Die Schuljahre am Landshuter Gymnasium von 1888-1897 sind in das Buch »Verwandlungen einer Jugend« (1928) eingegangen.

Eines Morgens war der große Schrank, der die Bibliothek der Zöglinge enthielt, abgesperrt und nirgends der Schlüssel zu finden. Bald konnte man nicht mehr bezweifeln, daß ihn ein boshafter Schüler abgezogen habe. Eine Schülerabordnung besänftigte den aufgebrachten Direktor und erbot sich, den feigen Täter ausfindig zu machen. Vorsorglich wurde ein neuer Schlüssel in Arbeit genommen.

> Als ich droben im Bette lag, da gewann wieder der verlorene Schlüssel seine Macht. Zwar konnte ich mir zu Troste sagen, daß er bereits ersetzt war; dennoch blieb das Ganze beunruhigend.

Es ist Faschingszeit. Alle Schüler sind maskiert. Der Kadinger Zögling macht die Bekanntschaft eines jüngeren Mitschülers. Es ist ein bayerischer Adelsproß, vielleicht ein Preysing oder Fraunhofen; Carossa nennt ihn Trimming.

> Da begegnete mir auf der Stiege ein Knabe von ungewöhnlicher Schönheit. Er mußte erst vor kurzem in die Anstalt eingetreten sein; ich entsann mich nicht, ihn vorher gesehen zu haben. Sein Kostüm bestand fast ganz aus tiefschwarzem Samt, auch das Mützchen, das

er über die lichtblonden Locken gestülpt hatte, war schwarz, und einige silberne Tressen, die daran glänzten, erhöhten noch die dunkle Vornehmheit. Zu unverhüllt war wohl meine Bewunderung, als daß er sie hätte übersehen können; mit einem grauen Mädchenblick lächelte er mich zweifelnd an, hob eine weiße Narrenpritsche, die zu seiner Tracht eigentlich nicht paßte, versetzte mir einen derben Schlag auf die Schulter und sprang lachend über die Stufen hinab. Es war die Maskenfreiheit jener Tage, die er damit in Anspruch nahm, nichts weiter. Mir aber war schon der Sinn verstellt; wie von scharfer Waffe getroffen, in unwillkürlicher Abwehr, griff ich an die Stelle meines goldenen Gürtelbandes, wohin der Degen gehört hätte, zugleich fühlte ich mich unerhört begünstigt und ausgezeichnet wie durch Ritterschlag.

Seltsam verwandelt war Trimmings Verhalten in den nächsten Tagen:

Der Knabe lächelte mir wohl einmal verstohlen zu, hob auch dann und wann die weiße Narrenpritsche gegen mich, besann sich aber jedesmal und enthielt sich des Schlags. Dies war um so kränkender, als er an andere wahllos freigebig Hieb um Hieb austeilte, und doch hätte ich ihm danken sollen. Jener erste Schlag war heilige Verwundung gewesen, ein neues Organ der Seele war unter ihm aufgesprungen, – wie durfte ich wünschen, daß er sich sogleich wiederhole?

Eines Nachts kann der junge Zögling keinen Schlaf finden, steht auf, setzt sich auf ein Fensterbrett und betrachtet die verschiedengestaltigen Eisblumen in den Fenstern hinter den schlafenden Mitschülern. So wird er von einem Lehrer, dem Kandidaten Buchkatz angetroffen. Verhöre folgen.

Mein Richter gefiel sich in Andeutungen; keines bestimmten Vergehens bezichtigte er mich, doch zielten seine Reden mehr und mehr in eine Richtung, die ich wohl begriff. Unerfahren war er in gewissen Sinne, wenig kannte er das Leben, wußte nicht einmal, daß in der Jugend, und nicht nur in der Jugend, ein sehr seelenhafter Zustand vorkommt, wo uns ein geliebter Mensch durch sein bloßes Dasein verzaubert, wo wir gar nicht wünschen, daß er sogleich seine heilige Fremdheit verliere. Wer eine neue Einweihung seines Wesens erfährt, der denkt nicht sofort an Betastung und Kuß.... Als Buchkatz, über der weißen Leere seines Papiers verzweifelnd, schließlich wie ein Gequälter aufschrie, dieses antwortlose Verhör sei unerträglich, seine Zeit gemessen, es werde mir den Kopf nicht kosten, er wolle auf Einzelheiten verzichten, aber ich solle doch in Gottes Namen zugeben, daß ich mich mit Trimming in der Nacht getroffen habe, da ging mir dieser Ton, der erste menschliche, sehr zu Herzen. Zwar wäre jetzt noch einmal Gelegenheit gewesen, die Wahrheit zu beteuern und ein klares, festes Nein zu sagen; aber schon war eine Auflösung im Gang, und unversehens erlag ich einem schrecklichen Rückfall ins Kindische. Ungehörig, ja unmenschlich kam es mir auf einmal vor, den schön gekleideten Mann, der sich so sehr um ein Geständnis von mir bemühte, immer wieder durch Verweigerung zu kränken, der Trieb, ihm ein unverhofftes Vergnügen zu machen, ward überwältigend. Eine Dohle saß am Jodoksturm; die behielt ich fest im Auge, die Sekunde ihres Abfluges für mein Schuldbekenntnis wählend.

Und er gesteht. Aber nicht, wie er vorhat, in einem wilden tragischen Ton, dem Buchkatz anhören sollte, daß das Verfahren falsch sei, sondern mit einem heiseren, armesünderlichen Gequiekse. Der Zögling wird von der Schülerliste gestrichen. Er kommt heim nach Kading: in die Welt des Vaters. Dieser läßt seinen Sohn die seitenlange Abhandlung über ein von ihm entwickeltes Heilverfahren gegen Lungentuberkulose mit dem schweißtreibenden Medikament Pilokarpin ins Reine schreiben. Aus dieser Alumnenarbeit empfängt der Sohn den Ausgleich seiner Bewußtseinstrübung, die Kraft heilender Besinnung. Er empfindet sein Elternhaus als »Haus der Heilungen«.

Der Vater ist ein Heilender – und ein Schreibender. Es gibt Aufsätze von ihm in Johann Baptist Sigls patriotischer Zeitung »Das bayerische Vaterland« mit erstaunlichem politischen Weitblick.

Der beschuldigte Sohn wird ehrenvoll wieder im Gymnasium aufgenommen: Trimming, der ebenfalls fälschlich angegeben hatte, sich nachts mit dem jungen Kadinger getroffen zu haben, war an Scharlach erkrankt und hatte vor seinem Tod in der Beichte sein Gewissen erleichtert. Auch der Schlüssel findet sich wieder. Der Kadinger Zögling hat ihn selbst in seinem Westentäschchen verwahrt gehabt. Er wagt nicht mehr, ihn zurückzugeben und wirft ihn auf einem einsamen Spaziergang weg.

Gedanken und Halbgedanken zogen durchs Gefühl, und manchmal wollte es mir vorkommen, als wäre eigentlich seit dem frühesten Erwachen des Bewußtseins immer ein unerklärlicher Schatten auf mir gelegen.

1895 hat die Mutter in Seestetten, auf halbem Wege zwischen Vilshofen und Passau, ein kleines Anwesen geerbt. Dadurch kommt Carossa als Gymnasiast zum erstenmal in die Donaulandschaft, die später für sein Leben und Schaffen so tiefe Bedeutung gewinnt. Hier begegnet er Amalia, dem Mädchen am »großen fließenden Magneten«, am Donaustrom. Einmal horcht der Vater, der Lungenarzt, forschend an ihrer Brust. Der Sohn, ebenfalls zum Horchen angehalten, hört nur das Brausen des Stromes:

> Sie wurde mir zu einem Engelsbilde und der Welt stürmender Jugend entrückt.

Amalia Danzer hieß das Mädchen, dem das eigenartige Los zuteil wurde, sich als eine der anmutigsten Frauengestalten der Literatur im Werk dieses Dichters zu wissen. Sie blieb ledig und überlebte Carossa um etliche Jahre. Auf dem Sandberger Friedhof liegt sie begraben. Und auf dem Kriegerdenkmal von Seestetten findet ein heutiger Besucher, in die langen Kolonnen der Gefallenen eingereiht, mehrere Danzer aus Amaliens Verwandtschaft.

Nachdem Carossa fünf Jahre lang im Landshuter Studienseminar untergebracht war, findet er Aufnahme in der Familie des Professors Hilgärtner, der in der oberen Freyung wohnt, wo vom nahen Jodoksturm das Angelusläuten herüberklingt. Es sind Jahre des Lernens und Reifens, an die er gern zurückdenkt. Die ausgedehnten Spaziergänge auf den Moniberg werden ihm Gegenstand verklärender Sehnsucht. Fern am Horizont taucht aber schon die bayerische Hauptstadt auf. Seinen Bericht über die Studienzeit in München 1897 bis 1900 nennt Carossa: Das Jahr der schönen Täuschungen.

Er reist also von Kading nach München.

> In der Augustenstraße fand ich schnell das fünfunddreißigste Haus, das heute noch so klein und einstöckig zwischen hohen Gebäuden steht wie damals.

Erst 1974 ist es abgebrochen worden; ein Biedermeierhaus.

> In der Wohnung zur ebenen Erde erwartete mich Maria. Vierzig Jahre lang hatte sie den Eltern der Mutter gedient; nun bezog sie eine mäßige Rente und vermietete die guten Zimmer. Sie führte mich in die große Stube, die mich nun aufnehmen sollte ... An einer Wand hing das jugendliche Bildnis des Großvaters Johannes Voggenreiter; er war da noch ein schlanker Mann mit lockigem Haupt und ernstem Blick; Zylinderhut und Handschuhe lagen neben ihm auf einem Tischchen. Der alten Dienerin kamen die Tränen, während sie mich vor die Bildtafel führte. »So sah er aus, als er zu Ludwig dem Ersten ging. Beim Eintreten ist ihm der Zylinder zu Boden gefallen; aber seine Majestät hat es nicht zu bemerken geruht.«

Die alte Hausbesorgerin zeigt nun dem jungen Studiosus ein halbverblichenes Jugendbildnis seines Vaters. Der schmächtige kaum Fünfzehnjährige hält sinnend einen Bleistift an die Lippen. Auf dem Tisch neben ihm liegen drei Bücher übereinander, ein Preis, den ihm das Gymnasium Passau für hervorragende Leistungen zuerkannt hat.

Carossa erinnert sich:

> Diese kleinen Begebenheiten gefielen mir damals nicht so gut wie heute; ich fand sie gar zu bürgerlich und war froh, als ein Hausierer die Erzählerin hinausklingelte und mir Gelegenheit gab, schleunig den Weg zum Café Luitpold anzutreten; doch sandte mir Maria durch das offene Fenster noch Ratschläge nach: »Wenn Ihnen eine Equipage begegnet und Sie sehen vorne auf dem Bock einen dunkelgrünen Mann mit weißem Federhut, so ist das ein Leibjäger, und hinter ihm sitzt Seine Königliche Hoheit der Prinzregent. Sie müssen dann stehen bleiben, den Hut abnehmen und sich verneigen.« An der Ecke bog ich in die ruhige Brienner Straße ein, die bald in ganzer Breite von einem herrlichen Bauwerk unterbrochen war, und ehe ich noch das Ganze überblickte, wußte ich schon, wo ich mich befand.

Augenblicklich erinnert er sich an ein Erlebnis im Kadinger Pfarrhof:

> An der Mauer war eine Zeichnung befestigt. Sie stellte ein Gebäude dar, das keinem der mir bekannten glich. Man sah viele helle Stufen, daraufstehend hohe schöne Säulen und über diesen ruhend ein langgestrecktes Dreieck mit eingefügten Gestalten. Man konnte frei zwi-

schen den Säulen hindurchblicken zu Baumwipfeln, Türmen, fern fliegenden Vögeln.
»Die Propyläen, scheint mir, haben dirs angetan«, sagte der Pfarrer.
»Was heißt das: Propyläen?« fragte ich.
»Die Propyläen«, gab er zur Antwort, »sind ein Säulentor, wie die alten Griechen viele gebaut haben.«
»Man sieht hier«, sagte ich, »allerhand Leute durch die Propyläen gehen, Herren mit Zigarren, Damen mit Sonnenschirmen, Kinder mir Puppenwagen, - sind das alles Griechen?«
»Nein«, erwiderte der Geistliche, »es sind Menschen von heute wie du und ich.«
»Gibt es denn irgendwo noch solche Tore?«
»Das du hier siehst, ist gar nicht weit entfernt. Es steht mitten in unserer Hauptstadt München. Eines Tages wird dich dein Weg schon hinführen.«
»Werde ich darunter durchgehen dürfen?«
»Ich will es hoffen!«
Ich stand nun vor dem göttlichen hellenischen Tor, dessen Abbildung im Kadinger Pfarrhaus hing, und zwischen seinen Säulen erschienen auch schon die Tempel, zu denen es den Eingang bildete.

Nun folgt eine Beschreibung des Cafés Luitpold, die auf einzigartige Weise die Stimmung des Fin de Siècle trifft:

Bald umfing mich der Kaffeepalast mit seinen Prachträumen, darin sich die Schritte von selber verlangsamten. In gläsernen Lilien glühten Fäden elektrischen Lichts; das leuchtete weiter in schwarzen Marmorsäulen. Den bildergeschmückten Decken und Wänden galten die nächsten Blicke; da stand in goldumrahmtem Schneefeld splitternackt ein geflügeltes Kind, von Raben umkrächzt, das Gesichtchen zum Weinen verzogen; anderswo ruhten zwei Liebende auf Wolken; eine Hand hob über sie den grünen Kranz des Ruhms, als hätten sie durch ihr Glück den größten Sieg errungen. Nun lenkten lebende Frauen und Männer, die unter den Bildern saßen, den Sinn auf sich, doch nicht für lange; denn soweit ich sah, wurden sie alle an himmlischer Anmut übertroffen von den jugendlichen weiß und schwarz gekleideten Mädchen, die ihnen dienten. In diesen sah ich die wahren Walterinnen des Hauses; ihr leichter Gang, die Sicherheit, mit der sie aus hohen silbernen Kannen erwünschte Getränke in Porzellanschalen gossen, dies alles atmete den Geist vornehmer Gastlichkeit, einzig würdig der glanzvollen Stätte, die den Namen des Regenten trug.

Im Alten Botanischen Garten war es, wo Carossa zum ersten Mal im Kreise von Freunden die Handschrift des vier Jahre älteren Hugo von Hofmannsthal sah. Der Vetter eines Mitstudenten war Arzt; er hatte das Blatt von seinem Patienten Otto Julius Bierbaum geliehen bekommen. Es war ein ungedrucktes Gedicht.

Jeder rieb sich mit dem Taschentuch die Finger ab, ehe er das Papier am äußersten Rand anzufassen wagte, und nun begann das Auswendiglernen der Verse; denn sie nachzuschreiben war uns verboten.

Das Gedicht hatte den Titel: Die Beiden.

>Sie trug den Becher in der Hand
>– Ihr Kinn und Mund glich seinem Rand –,
>So leicht und sicher war ihr Gang.,
>Kein Tropfen aus dem Becher sprang.
>
>So leicht und fest war seine Hand:
>Er ritt auf einem jungen Pferde,
>Und mit nachlässiger Gebärde
>Erzwang er, daß es zitternd stand.
>Jedoch, wenn er aus ihrer Hand
>Den leichten Becher nehmen sollte,
>So war es beiden allzu schwer:
>Denn beide bebten sie so sehr,
>Daß keine Hand die andre fand
>Und dunkler Wein am Boden rollte.

Im Jahr 1900 geht Carossa zum Studium nach Leipzig. Den jungen Arzt holt der Vater 1903 in seine inzwischen übernommene Praxis nach Passau. Dort kommt 1906 das Ende des Vaters:

Ich schlief im Nebenzimmer, durch eine Wand von ihm getrennt, und hatte ihm das Versprechen abgenommen, mir kräftig zu klopfen, wenn er etwas wünschte. Dies geschah bereits in der folgenden Nacht; er hatte heftigen Durst und bat um ein Glas Wasser; auch stand er unter der Nachwirkung eines Fiebertraumes, aus dem er soeben erwacht war, und freute sich, einen aufmerksamen Zuhörer an mir zu finden. »Ich ging über ein Feld«, erzählte er, »das nach allen Seiten bis zum Gesichtskreis reichte. Das Land war Brasilien; dies wußte ich, fand es aber ganz natürlich, daß in einiger Entfernung der Kirchturm von Kading stand. Das Riesenfeld war gleichmäßig dicht bepflanzt, und zwar mit Jaborandistauden, aus denen ja, wie du weißt, unser Pilokarpin gewonnen wird. Der Himmel flimmerte weiß und grau; der Boden war überall vor Hitze zu tiefen Spalten aufgerissen, und nun sah ich die ungeheuren Felder in der Nähe welken und verdorren. Ratlos ging ich durch sterbende Äcker und begriff, daß es in Zukunft kein Pilokarpin mehr geben, daß ich nie mehr einen Kranken heilen würde. Zugleich stand ich aber auch in unserem kleinen Kadinger Garten. Darin war die Mutter beschäftigt, und von ihr kam Hilfe. Sie hatte alle Rosen und all ihre anderen schönen Blumen mit den Wurzeln ausgezogen und statt ihrer nur noch Jaborandi gepflanzt. Es war eine Wohltat, die Pflanzen zu sehen, wie sie Bäumchen wurden und sich zart belaubten. Auch ein Laubfrosch, der verdurstet und wie zu einer braunen Hutzel eingetrocknet war, belebte sich wieder, quakte laut und ergrünte«.

In den Feiertagen wechselte beim Vater sehr hohes Fieber mit jähen Entfieberungen. Wenn ich ihn fragte: »Wie geht es dir?«, antwortete er meistens: »Etwas besser als gestern.« Der Mann, der die Gesundheitsverhältnisse anderer so richtig beurteilte, schien sich über seinen eigenen Zustand stets zu täuschen. Als ich ihn am Weißen Sonntag noch einmal ansprach, erhielt ich keine Antwort, merkte auch keinen Puls und keine Atmung mehr. Keine Agonie, kein Todeskampf hatte stattgefunden, es war einfach ein sehr sanftes Aufhören des Lebens gewesen.

Wundersam glich der Verstorbene nun auf einmal dem Schülerbild aus seiner Passauer Zeit, wo er mit der Miene eines jungen Grüblers neben seinen drei Preisbüchern sitzt, die ihm das Gymnasium für besonderen Fleiß zugeteilt hatte, und seinen Bleistift nachdenklich an den Lippen hält.

Ich dachte an meinen Vater, an mein Verhältnis zu ihm. Dieses wurde nur noch wesenhafter, seit er nicht mehr lebte. Ein altes Wort glaubte ich endlich recht zu verstehen: Tönend wird die Muschel erst, wenn der lebendige Leib aus ihr entfernt ist...

Hans Carossa schreibt an Richard Dehmel mit einer Beilage von sieben Gedichten:

»Passau, 22.11.1906

Nehmen Sie die Zusendung dieser Gedichte für nichts als den Ausdruck des wahrsten tiefsten Dankes für das, was Sie mir für die Festigung und Entwicklung meines von Natur unsicheren Charakters geworden sind. Ich segne mich dafür, daß ich in einer Zeit mit Ihnen lebe.«

Richard Dehmel an Hugo von Hofmannsthal:

»Blankenese, 27.3.1907

Von unbekannten Dichtern empfehle ich Ihnen Herrn Dr. med. Carossa (Passau / Bayern) angelegentlichst.«

In dem Lebensgedenkbuch »Führung und Geleit«, in dem Carossa all seinen Freunden Dank abstattet, schreibt er: »... fand ich unter eingelaufenen Postsachen einen Brief in sehr gewöhnlichem, graugrünem Umschlag, wie ihn Geschäftsleute verwenden; die Adresse war mit Schreibmaschine geschrieben, desgleichen der Name des Absenders: *Hofmannsthal*, Rodaun bei Wien ... nun zündete ich die sämtlichen Lampen, Lämpchen und Kerzen an, die sich in der altmodischen Wohnung fanden ...«

»Sie verzeihen es bitte, sehr geehrter Herr, daß ich, der von Richard Dehmel mir übermittelten Adresse mich bedienend, unbekannter Weise an Sie schreibe. Ich habe übernommen für eine in Berlin zu gründende Wochenschrift den Theil zu leiten, welcher gelegentlich und in zurückhaltendster Auswahl lyrische Producte enthalten soll. Die Art und Weise wie mir Dehmel Ihren Namen nennt, macht es mir höchst wünschenswert, Sie dem kleinen Kreise meiner Aufgeforderten zuzurechnen. Wollen Sie mir das Vergnügen machen, mir eine kleine Gruppe von Gedichten, deren Publication Sie mir eventuell anvertrauen würden, in den nächsten Tagen zuzusenden?«

Hofmannsthal, der inzwischen die Gedichte Carossas erhalten und gedruckt hat, ist so begeistert, daß er sich entschließt, auch noch an den Verleger der Insel, Anton Kippenberg, zu schreiben: »Lassen Sie, soviel meine Intervention, mit der ich sparsam zu sein pflege, bei Ihnen Geltung hat, diese Gedichte Ihnen auf's Ernsthafteste empfohlen sein. Hier ist ein eigener Ton wie selten in dieser Epoche, wo alles George, Dehmel, Rilke oder mich nachäfft. Von meiner ganzen redactionellen Tätigkeit am ›Morgen‹ ist mir dies die freundlichste Erinnerung, daß ich Gedichte von Carossa gebracht habe.«

Hans Carossa an Hugo von Hofmannsthal:

»Seestetten, 17.2.1910
Sie müssen Herrn Kippenberg mit einem sehr mächtigen Zauberstabe berührt haben; er schrieb mir, es sei ihm eine Freude, mein Buch im Insel-Verlag erscheinen zu lassen.«

Wieder ist es Hofmannsthal, der an Carossa über das Gedicht »Geist und Schmetterling« schreibt:

Schön sind die beiden Gedichte im Almanach, überaus schön vor allem das erste, ein wahrhaftes Gedicht, sich selber genug, eine Welt für sich. Was bringen die Leute alles hervor und heißen's Gedichte – und da ist eines.«

> Ich bin ein Geist, für kurze Frist gebannt
> An dieses Flusses klüftereichen Strand,
> Wo Schilfrohr bräunlich blüht, wo die Libellen
> Wie heiße blaue Nadeln mich durchschnellen
> Und manchmal mit unwirksamer Gewalt
> Ein menschlich Lied mich Schauenden umhallt.
>
> Urseele, die nicht endet, nicht beginnt,
> Selbst formlos, nur in Formen lebt und sinnt,
> Sie hat mich in die Luft hervorgerufen;
> Sie weiß für mich noch viele, viele Stufen,
> Und jede macht mich lauterer und neuer.
> Am Ende werd ich wohl als reines Feuer
> Der alten Flamme wieder zugezündet,
> Mein Glück erfüllt, mein heiliger Lauf geründet.

O Stundengang! o Segen irdischer Haft!
Wie fühl ich meine lichtgeborne Kraft
So groß und leidlos über Fisch und Welle!
Was aber bricht an jener Uferstelle
Den gelben Ton der grauen Weidenrinde? –
Zwei Flügel sinds, goldblau mit Purpurbinde,
Die manchmal sich gedankenstill bewegen
Und nun schwach schillernd auseinanderlegen,
Als ob die Freudenwoge drüber ging.

Ich kenne dies; es ist ein Schmetterling,
Ein Wesen mir verwandt, vom Strahl begnadet,
Das trunken lebt und keinem andern schadet.
O wie's den Äther saugt! Mit starkem Duft
Wie reife Beeren würzt es rings die Luft –
Doch still! Der seltnen Farbenfolge Bann
Lockt aus der Flut schon einen Feind heran,
Strandbürtig Volk, verwegne nackte Knaben;
Ein jeder will das lichte Kleinod haben.
Hier wird Gefahr! Ein Geisterrecht gebrauch ich,
Ich winde mich um ihn, unmerkbar hauch ich
Die Flügel ihm zusammen o so leicht,
Daß er im Nu der dürren Rinde gleicht.
Ein Häscher stutzt schon, beugt sich zweifelnd vor,
Mit halben Blicken streifend Baum und Rohr;
Ein andrer findet Muscheln unterdessen.

Bald, schöner Schmetterling, bist du vergessen.
Nun laß dich erst mit hoher Lust beschauen!
In Flügelunterflächen, scheinbar grauen,
Rankt seltsam goldne Schrift, – ein Netz von Zügen,
Die sich so zart und streng zusammenfügen
Wie leichter Sand auf klangbeseeltem Glas.
Zu welchem Wunder aber wird mir das!
Die goldne Schrift glänzt auf, – ich kann sie lesen!
Luft, Feuer, Wasser, Stein, mein eignes Wesen
Erfahr ich schmerzentzückt zum ersten Mal -

Fort! Fort! Ich will kein Wissen, keine Wahl!
Ein Heißes, Kreisendes will mich bezwingen,

> Vom Geisterdienste los muß ich mich ringen, –
> Wohin? Ich seh es nicht, ich fühle nur:
> Ein fremdes Reich lockt mich auf glühende Spur.
> Hinunter schwingts. Mein Ätherblut wird wärmer,
> Ich brenne, – halt! flieh nicht! bleib, goldner Schwärmer!
> Nur einen Blick noch in dein Zauberbuch! –
> Er gaukelt weg, ihn hält kein Flehn, kein Fluch –

1914, kurz vor Ausbruch des Ersten Weltkriegs, bezieht Carossa in München eine Wohnung in der Theresienstraße, gegenüber der Türkenkaserne. »Bevor ich meinen Weg zu den europäischen Schlachtfeldern einschlug, empfing ich eine Segnung: Rainer Maria Rilke begegnete mir.«

Man unterhielt sich eine Stunde lang in dem terpentindurchdufteten Atelier der Malerin Loulou Albert-Lazard. Zwanzig Jahre später soll Carossa in Muzot notieren, Rilkes letzter irdischer Bleibe:

> Mir kehrte der Tote aus ätherischer Abgeschiedenheit in seine irdische Erscheinung zurück. Ich löschte das Licht, sah ihn wie vor Jahren, hörte ihn von Paris und Toledo erzählen, hörte seine Klagen über einen dumpfen, von Gelenk zu Gelenk wandernden Schmerz, der in damals quälte, erfüllte seinen Wunsch nach einer Untersuchung, sah wieder das schwarze russische Silberkreuz auf seiner Brust, das der abklopfende Finger behutsam umging oder höflich zur Seite schob.

Carossa als Arzt und Pater Rupert Mayer als Militärgeistlicher dienten bei der gleichen Truppe. Als Rupert Mayer im Sultal an der rumänischen Grenze schwer verwundet wurde, leistete ihm Carossa erste Hilfe: »... der Priester lag in einer Blutlache auf bloßer Erde, den Mantel über sich gebreitet, Gesicht und Hände leichenblaß, aber wundersam ins Knabenhafte verjüngt.«

»Raube das Licht aus dem Rachen der Schlange« – Hans Carossa hat seinem »Rumänischen Tagebuch« ein dunkles Wort vorangestellt. Am 16. November 1916 notiert er:

> Es fing zu schneien an. Ein fließender weißer Vorhang nahm den Geschützen das Ziel; fast ungefährdet gingen wir hinab. Ein Rumäne,

zwischen zwei Birkenstämmen hingestreckt, lag mir im Wege; ich hielt ihn für tot und wollte über ihn wegsteigen, vernahm aber ein Ächzen und fühlte mich mit schwacher, doch spürbarer Gewalt am Mantel gefaßt. Zurücktretend sah ich das Leichengesicht eines kaum Dreißigjährigen, die Lider fast geschlossen, die Mundwinkel sehr schmerzlich verzogen. Die Finger hielten noch immer den Zipfel meines Mantels fest. Durch einen grauen Umhang, der seine Brust bedeckte, dampfte es leicht; Raab schlug zurück, unter aufgesprengten Rippen lagen die Brustorgane frei, das Herz zuckte schlaff. Mehrere silberne und kupferne Heiligenmedaillen, die er an schwarzem Band um den Hals getragen hatte, waren tief ins Fleisch hineingetrieben, einige stark verbogen. Wir deckten wieder zu. Der Mann öffnete halb die Augen, bewegte die Lippen. Um nur etwas zu tun, füllte ich die Morphiumspritze, und wirklich schien er etwas dergleichen gewünscht zu haben: er ließ den Mantel los. Nach der Einspritzung legte er bequem seinen Kopf an der Birke zurecht und schloß die Augen, in deren tiefe Höhlen sogleich große Schneeflocken fielen.

22. November 1916

Als Raab den Sanitätswagen aufsperren wollte, fehlte der Schlüssel, und kein Schlosser läßt sich im Dörfchen auftreiben. Für den Augenblick freilich genügen die Vorräte, die wir noch in den Verbandtaschen haben. Dehm und Raab sind sich fast böse geworden, weil einer dem andern den Schlüsselverlust vorwirft.

Hugo von Hofmannsthal schrieb über eine bestimmte Passage im »Rumänischen Tagebuch« an Hans Carossa: »... als ich abends nach Hause kam, lagen die umbrochenen Druckbogen da – doch dachte ich, ich wäre zu müde, darin zu lesen. Immerhin fing ich an, die Bogen aufzuschneiden und kam dann irgendwann ins Lesen – nicht irgendwo, sondern wohl am glücklichsten Punkt: bei der Beschreibung des sterbenden Kätzchens. Dies ist wohl die Krone des Ganzen: hier flicht sich dies Dreifache: daß Sie ein Mensch, ein Dichter und ein Arzt sind, wunderbar zusammen.«

Hier ist jene Stelle, die Hofmannsthal erschütterte:

Kézdi-Almás, 25. November 1916

Vor Wochen sind im Hause viele Katzen zur Welt gekommen, die nun lästig werden, zumal es an Milch für sie fehlt. Ein etwa fünfzehnjähriger Bursche, der hier bedienstet ist, scheint Auftrag erhalten zu haben, die überzähligen Tiere zu beseitigen. In der Stube schreibend, sah ich, wie er sie über den Hof trug und, bevor ich seine Absicht erkannte, eines nach dem andern unglaublich geschwind an die Scheunenwand schmetterte, vor der sie liegen blieben; dann kehrte er pfeifend, die Arme schlenkernd, wie es seine Art ist, in die Küche zurück, wo gerade das Essen aufgetragen wurde, setzte sich zu den andern und aß gemütlich. Eines aber der hingerichteten Kätzchen, ein blaugraues, weiß von Gesicht, Brust und Beinen, mit einem silberhellen Flöckchen im Nacken, von den anderen durchaus verschieden, war nur betäubt worden und erholte sich nach und nach. Taumelig versuchte es kleine Schritte, blieb stehen, wischte sich mit dem Pfötchen einige Male über die Ohren, als ob es dadurch schneller zur Besinnung käme, und schlich sodann über den Hof in das Haus zurück. Nun erst bemerkte ich, daß es am Kinn blutete, sonst schien es unversehrt. Zögernd kam es zur Küchentür herein und blickte sich um. Als es die schmausenden Leute sah, bemühte es sich, auf die Bank zu springen, was ihm, nach etlichen Ansätzen, auch gelang; dann saß es eine Weile still. Endlich schmiegte es sich, zutraulich bittend, an den Ellenbogen seines behaglich kauenden Mörders. Als er das Tier gewahrte, aß er zuerst noch ein Weilchen weiter; auf einmal wars, als kämpfe er mit einer Übelkeit, er bekam eine Art Schlucken und legte den Löffel weg. Sobald die andern fortgegangen waren, berührte er das Kätzchen vorsichtig, wie wenn er sich vor ihm fürchtete oder seine leibhaftige Gegenwart bezweifelte. Schließlich stellte er es mit aller Behutsamkeit, deren er wohl fähig ist, als wärs eine Porzellanfigur, auf den Tisch und bröckelte ihm seine stehengelassenen Fleisch- und Brotreste hin. Es fraß ein wenig davon, und das freute ihn sichtlich. Der Bursche geht seither wieder auf dem Hofe seiner Arbeit nach. Er kommt mir in seinem Wesen verändert vor, wacheres Gesicht, festerer Gang, auch hab ich ihn seither nicht pfeifen gehört.

Am 28. November beschreibt der Dichter das qualvolle Sterben des blaugrauen Kätzchens Matschka, das sich von seinen inneren Verletzungen nicht mehr erholt hatte. Es liegt an seine Stiefelspitze geschmiegt.

Durch das kleine Tier zur Ruhe gezwungen, bemerkte ich bald eine Veränderung an mir, eine seltsame innere Stille und Gesammeltheit.

Dabei blieb mir immer bewußt, daß es Matschka war, der ich den gesteigerten Zustand verdankte. Mit einem Mal wußte ich genau, daß in einer der großen Ledertaschen, zwischen Verbandpäckchen und Instrumenten, der Schlüssel zum Sanitätswagen liegen müsse; vermutlich habe ich ihn selber dorthin verräumt. Sogleich ließ ich den Schlüssel suchen; wirklich fand er sich an der gedachten Stelle. Matschka aber erwachte nicht mehr. Eben bringt eine Ordonnanz den Alarmbefehl. Wir packen ein. Der junge Ungar kniet vor der toten Katze und streichelt sie weinend. Schön ist es immer anzuschauen, wenn den rohen Menschen das Ewige anfällt, – ehren wir jede Erleuchtung, jeden verwandelnden Schrecken! – ich möchte dafür einstehen, daß der Knabe nie wieder seine Hand gegen die Kreatur erheben wird, – gebe Gott jedem sein Tier und seine Sünde, die ihn erwecken!

Alfred Mombert an Hans Carossa, 13. November 1926: »Nun ist es zehn Jahre her. Aber wenn man von Ihrer sanft-starken Hand geleitet durch die Wälder Rumäniens schreitet, dann ist keine Zeit vergangen; es ist alles wieder da: die ungeheure Realität, der ungeheure Traum. Ich wage nicht, Ihr Buch ›schön‹ zu nennen; ihm liegt ein unerforschliches Mysterium zugrunde, aber das darf ich sagen: Ihre eigene Gestalt schreitet wie ein guter sanfter Genius durch diese grausigen Herrlichkeiten, ausspendend die Segnungen des Schlafes und des Traumes und des Gesanges.«

Nach dem Krieg lebt Carossa ein volles Jahrzehnt als Arzt in München. Im Haus von Albrecht Schaeffer in Neubeuern am Inn, wo er 1927 einige Tage zu Gast ist, entsteht die letzte Fassung eines seiner schönsten Gedichte: Der alte Brunnen.

> Lösch aus dein Licht und schlaf! Das immer wache
> Geplätscher nur vom alten Brunnen tönt.
> Wer aber Gast war unter meinem Dache,
> Hat sich stets bald an diesen Ton gewöhnt.
>
> Zwar kann es einmal sein, wenn du schon mitten
> Im Traume bist, daß Unruh geht ums Haus,
> Der Kies beim Brunnen knirscht von harten Tritten,
> Das helle Plätschern setzt auf einmal aus.

Und du erwachst, – dann mußt du nicht erschrecken!
Die Sterne stehn vollzählig überm Land,
Und nur ein Wandrer trat ans Marmorbecken,
Der schöpft vom Brunnen mit der hohlen Hand.

Er geht gleich weiter, und es rauscht wie immer
O freue dich, du bleibst nicht einsam hier.
Viel Wandrer gehen fern im Sternenschimmer
Und mancher noch ist auf dem Weg zu dir.

Eugen Roth erinnert sich an den 50. Geburtstag Hans Carossas, den er als junger Schriftleiter der Münchner Neuesten Nachrichten miterlebte: »Am Vorabend, am 14. Dezember 1928, versammelten die Argonauten, jene ruhmreiche Gesellschaft für zeitgenössische Dichtung, die Freunde Carossas zu einem Kerzenbankett im Cherubinsaal der Vier Jahreszeiten. Paul Alverdes sprach den Glückwunsch, Ernst Penzoldt übergab die von ihm geschaffene Büste. Fast möchte man meinen, noch nie zuvor und nie wieder sei einem Mann der Literatur in München so wahrhaft festlich gehuldigt worden, im Glanz der Kerzen, im warmen Licht einer tiefen menschlichen Verbundenheit.«

1929 zieht sich Carossa nach Seestetten an der Donau zurück. Hier entstehen 1931-1936 die »Geheimnisse des reifen Lebens«. Er feiert Wiedersehen mit dem alten Eichbaum, der ihm von Jugend auf vertraut ist. Damals hatte die Mutter den mächtigen Baum vor dem Zugriff eines Holzhändlers bewahrt. Dazwischen gibt es immer wieder Aufenthalte in »Arkadien«, Besuche bei dem befreundeten Archäologen Ludwig Curtius in der römischen Via Flaminia. Und Sehnsucht nach Niederbayern überfällt Carossa dann regelmäßig, nach dem »rossereichen« Landstrich, nach den »windüberblasenen Ebenen«.

Sein Anliegen wird immer deutlicher: Verlorene Welt sich wieder zu eigen machen, verratene Dinge versöhnen, Entfremdetes wieder heimatlich machen. Trotz der Erkenntnis des Bösen und des Leids hat Carossa versucht, die Welt als heilende Schöpfung zu verstehen. Benno Hubensteiner meinte einmal: »Man muß Carossa immer wieder lesen. Soll ihn lesen, wenn man mit sich und der Welt zerstritten ist; wenn man einen Tag hat, wo es einem nicht gut geht. Gerade dann erweist sich mit jedem Satz die heilende Macht seines Worts. Und was bloß Literatur ist, was in den Zeitungen steht, das Geschwätz und Geschrei, die Mode, die Reklame, die Phrase: sie alle verschwinden wie die Hexen beim ersten Hahnenschrei.«

Auch Carossa hat, wie Rilke, die Aufzehrung der alten geweihten Dinge, Häuser, Orte, Bräuche, alles dessen, was man nach den römischen Hausgöttern das Larische nennen möchte, erfaßt und erlitten – und im Gedicht aufgehoben.

Von der Zeit des Zweiten Weltkriegs an lebte Carossa in Rittsteig bei Passau. Seine Wahl zum Präsidenten der Europäischen Schriftstellervereinigung in Weimar war ein geschickter Coup des Reichspropagandaministers, eine Farce von wenigen Minuten. Die Qual dauerte länger. Carossa konnte Gutes stiften, zum Beispiel mithelfen, den alten Freund Alfred Mombert aus der Lagerhaft zu befreien, in den letzten Kriegstagen für die Rettung der Stadt Passau einzutreten. Dabei entging er nur knapp dem Tod.

> An dieser Stelle meines Berichtes wird mir bewußt, was einer unternimmt, wenn er von seinem eigenem Leben erzählen will. Mag er die Episoden nicht umgehen, die den Sinn einer Rechtfertigung haben, so wird er genötigt sein, von sich selber Dinge zu sagen, die überzeugender klängen, wenn ein anderer sie aussprächte, und so war ich oft versucht, die Feder wegzulegen. Dann aber kam immer wieder eine Stunde, wo ich einsah, wie sehr es meine besten Freunde befremden müßte, wenn ein Autor, der so gern von seiner Entwicklung Rechenschaft ablegt, gerade über diese tief bewegten Jahre schweigend hinwegginge.

Besser klingt es, wenn Thomas Mann am 7. Mai 1951 seinen früheren Angriffen selbst den Boden entzieht: »Besonders hat mich Ihr Lebensbericht beschäftigt. Für mich geht ... daraus hervor, daß ich Ihnen Unrecht getan habe, ... Erst jetzt lese ich ...,unter welchen Leiden und Gefahren Sie diese Rolle geflohen haben.«

Erhart Kästner vermutet 1951 richtig: »Keiner der Lebenden vermag wahrscheinlich das Unverhältnismäßige zu bezwingen, das zwischen der Wahrheit dieses bitteren Jahrzehnts und reiner Dichtung liegt. Allein deshalb, weil diese Wahrheit mit dem Leben, unserem Nochleben sich nicht verträgt.«

Noch lebte er und bekannte über sein Schaffen: »Andern ein Licht auf ihre Bahn zu werfen, indem ich die meinige aufzeigte, dies war also mein Vorsatz; aber es konnte nur durch die traumverwandten Mittel der Kunst geschehen.«

Neben den letzten Prosabüchern entstand in Rittsteig die späte Lyrik:

Der Bote

Aus deinen Augen
Mit lichtem Strahle
Ruft mich das Leben
Zum letzten Male.

Die dunklen Jahre,
Sie sind entsündigt.
All meine Dienste
Hab ich gekündigt,

Will nur noch leben
Von deinem Brote.
Einst war ich Gärtner,
Nun bin ich Bote.

Die große Tröstung
Im Geisterbunde
Geht ungeschrieben
Von Mund zu Munde.

Wenn alle Zierden
Wie Schaum vergehen,
Wird man dein Werben
Innig verstehen.

In Masken wandr' ich
Durchs Weltgetriebe.
Den ganz Verlaßnen
Gilt unsre Liebe.

Die Bahnen meid ich,
Wo Wagen jagen,
Die reichen Märkte,
Die falschen Fragen.

Leicht wird ein Kleinod
Uns abgehandelt
Leicht eine Sehnsucht
In Schuld verwandelt.

Gern ruh ich abends
Am Berg der Hirten,
Die Märchen sagen
Und mich bewirten.

Wir sitzen redend
Beim sauren Weine.
Die Schafe lecken
Am Salz der Steine,

Und wenn die Hirten
Ins Zwielicht sehen,
Schaun sie die Dinge,
Die bald geschehen ...

Gestirne steigen,
Da wird noch klarer
Dein stiller Auftrag,
Noch wunderbarer.

Es raunen Quellen
Unirdisch leise.
Tief will ich schlafen,
Auch Rast ist Reise,

Und nie verspätet
Sich unsre Kunde.
Wir kommen immer
Zur guten Stunde.

»... Solcher Gesang konnte nur einer Seele entsteigen, die sich nicht an den Dienst verlor, sondern ihren Eigenwert, eben weil er ein geschenkter, nicht ein erworbener war, andächtig bewahrte.« So urteilt Reinhold Schneider 1938 über Carossas Lyrik. Und Josef Hofmiller nennt ihn einen klassischen Autor: »... er weiß es nur nicht. Dies unterscheidet ihn von anderen Zeitgenossen, die es erstens von sich wissen und bei denen es zweitens nicht stimmt.«

Stefan Zweig schreibt 1928: »... das Kleinste, was er kindhaft erlebt, hat sich vollkommen abgekrustet und losgelöst vom Ephemeren, indem es Kunstwerk ward, Dichtwerk allerreinster, rundester Art, vollkommen Flügelhaftes. Indem er es rückblickend isoliert, verbindet er alles scheinbar Abgelebte einem andern höheren Spiralengange seines Daseins. Nur die vollendetsten Seiten Hofmannsthalscher Prosa scheinen mir heute innerhalb unseres Zeitraumes den seinen zur Seite zu stellen.«

Hofmannsthal, der frühe Förderer, umschreibt am besten Carossas Wesen: »Dichtend entfernt er sich nicht von sich selbst, aber er tritt zu seinem Selbst in eine zauberhafte Verbindung. Von seinen Büchern, ja von einem einzelnen Kapitel kann man sprechen wie von solchen geheimnisvoll wirkenden Substanzen, dem Radium oder ähnlichen, wovon eine lebenfördernde Kraft ausgeht; zugleich aber sind sie stillwirkend, verwandter den Kräften in der keimenden Saat oder in einer sich ausheilenden Baumrinde als denen, die im Gewitter zutage treten.«

Hermann Hesse hat einmal, wie er in einem seiner Briefe mitteilt, die Absicht gehabt, Carossa und Gertrud von Le Fort für den Literatur-Nobelpreis vorzuschlagen. Er habe dann aber davon abgesehen, weil es allzu klar schien, daß bei der Einstellung der Welt zum Deutschen diese Vorschläge vergeblich gemacht, ja nicht einmal verstanden würden.

Was dem einen sein Rilke-Kult, ist dem andern seine Carossa-Verehrung. Gern würden wir für eine Carossa-Wiedergeburt plädieren. Der Gruß, den Rudolf Borchardt am 14. Dezember 1928 an ihn richtete, könnte auch unser Gruß sein: »Ich bin jedem Ihrer Worte nahe gestanden und habe mich in der Stille, die uns die Zeit auferlegt, immer zu den Ihren, Sie zu den Meinen gezählt, aber der Segen, den ich für Sie erbete, zielt auf Ihre Zukunft, und auf unsere, in der es unmöglich ist, Sie zu vermissen.«

> Was einer ist, was einer war,
> Beim Scheiden wird es offenbar.
> Wir hörens nicht, wenn Gottes Weise summt,
> Wir schauern erst, wenn sie verstummt.

In Rittsteig ist Hans Carossa am 12. September 1956 gestorben. Er liegt auf dem Friedhof im nahen Heining begraben. »Auch Rast ist Reise« heißt es auf seinem Grabspruch, den er selbst am schönsten, am priesterlichsten gesprochen hat:

> Gestirne steigen,   Es raunen Quellen
> Da wird noch klarer,   Unirdisch leise.
> Dein stiller Auftrag,   Tief will ich schlafen,
> Noch wunderbarer.   Auch Rast ist Reise.

DIE HEIMAT,
VON DER ICH REDE

WILHELM DIESS
(1884 – 1957)

Auf dem kleinen Bogenhauser Friedhof, der sich um die Kirche schließt, wie sich das für einen altbayerischen Friedhof gehört – einen *Kirch*hof – liegen Gustav Waldau und Liesl Karlstadt, Rudolf Vogel und Wilhelm Hausenstein begraben. Auch Friedrich Domin, Oskar Maria Graf, Carl Wery, Erich Kästner, Hans Knappertsbusch und Annette Kolb ruhen hier. Alle haben schmiedeeiserne Kreuze, mehr oder weniger prächtig. Und da gibt es auch ein einfaches Kreuz, ein kleines, unscheinbares, mit einem Weihbrunnkessel und einem Blechtaferl. Darauf steht geschrieben: Prof. Dr. Wilhelm Dieß.

Raimund Eberle, Regierungspräsident von Oberbayern, erinnert sich an Wilhelm Dieß: »Man hat, wenn man Wilhelm Dieß gesehen hat, überhaupt nicht gemerkt, mit wem man es zu tun hatte. Er war von breiter, gedrungener Gestalt; ein massiger Körper mit einem wuchtigen Schädel darauf, kahlköpfig, aber am Hals doch noch mit einem sehr deutlichen, langen Haar, einen Schnurrbart dazu. Er trug immer einen breitkrempigen Hut und hat eigentlich den Eindruck eines Mannes gemacht, der zwar hart arbeitete, aber sich nicht auffressen läßt von seinen bürokratischen Geschäften, sondern der eigentlich rundum mit sich zufrieden war und sehr wach seine Umgebung beobachtete, (wie man später dann aus den Stegreifgeschichten sehen konnte, sehr aufmerksam beobachtet hat) ... Er hat das Bild eines Mannes gemacht, der ein echter Bayer ist, so wie man es sich von einem gebildeten Bayern wünscht. Ein Bayer mit aller Fröhlichkeit, wenn es vielleicht sein mußte Derbheit, aber mit einem sehr breiten, fundierten Wissen, das er nie herausgekehrt hat ...«

Wilhelm Dieß starb am 13. September 1957. In einer fein empfundenen Würdigung schrieb Alois Winklhofer, damals Professor an der Philosophisch-theologischen Hochschule Passau: »Jede Dichtung, die Weltgeltung erlangte, hat den Geruch des Feldes an sich, den odor agri, trägt an ihren Wurzeln etwas von der Erde, dem heimatlichen Boden, aus dem sie wuchs. Wilhelm Dieß – wir zweifeln nicht daran – ist in diesem Sinne Heimatdichter und Dichter; indem er beschreibt und erzählt, was sich in seiner Heimat begibt, schaut er weit über die Grenzen dieses Raums. Wir machen keinen Versuch, ihn neben Stifter oder Goethe oder auch neben Carossa, seinen niederbayerischen Landsmann, zu stellen; aber neben Jeremias Gotthelf und Johann Peter Hebel und Matthias Claudius stellen wir ihn getrost.«

Niederbayer war er also, genauer gesagt: Abkömmling des ehemaligen Stiftslandes Passau, dessen engerer und weiterer Umgebung so bedeutende poetische Begabungen entstammen wie Emerenz Meier und Max Matheis, Hans Carossa und Richard Billinger, Franz Stelzhamer und Hans Schatzdorfer, Max Peinkofer und Wugg Retzer, Alois Johannes Lippl und Heinrich Lautensack, Zephirin Zettl und – ja, auch Adalbert Stifter.

Am 25. Juni 1884 kam Wilhelm Dieß in Höhenstadt bei Passau auf die Welt. Sein Vater war Volksschullehrer. Seine Mutter war die Tochter eines Schuhmachermeisters aus Ering am Inn. In Höhenstadt und – nach des Vaters Versetzung – wie Winklhofer schreibt: »... in Pocking, im Rottal, verbrachte er eine an Eindrücken ungewöhnlich reiche Kindheit. Der an ihn herandrängende Erlebnisstoff war kaum reicher als der anderer Kinder auf dem Lande, aber der kleine Dieß hatte offenkundig ein ungewöhnlich aufnahmefähiges Organ für den vielfältigen Weltstoff, der da auf ihn zukam.«

Dieser »vielfältige Weltstoff«, das war ein altes gemütliches Schulhaus – die später als »Zwergschule« verlästerte Bildungsanstalt – dicht beim Glockenturm der Kirche. Vom Fenster aus sah er den Bäcker und den Bader, das Ackerland und das Holz. Das ganze Dorf und das Bauernland ringsum hat den Kindern gehört – Menschen, Tiere, Häuser und Arbeitsgerät. Vom Schulzimmer aus haben sie es der Glocke des Kramers angekannt, auf welche Weise ein Kunde die Tür geöffnet hat: artig, jähzornig, gelassen oder erbittert. Und am jenseitigen Rande des Friedhofs ist ein großes Wirtshaus gestanden. Und wenn dort ein Faß angezapft wurde, haben die Kinder im Schulzimmer die dumpfen Schläge gehört. Und an diesem Schulhaus sind die Jahreszeiten vorbeigezogen: kalt der Winter, heiß der Sommer, blühend der Frühling, farbig der Herbst.

Als meine Zeit gekommen war und ich das zehnte Lebensjahr erreicht hatte, bin ich im Herbst, während die anderen Buben sich auf den Kartoffelfeldern die Sonne haben auf den Buckel brennen und die Zwetschgennudeln als Lohn für das Kartoffelklauben schmecken lassen und die ganzen Obstgärten im Dorf von Früchten nur so gefunkelt haben, nach Passau verpflanzt worden, um dort das Gymnasium zu besuchen. Dieses Gymnasium befindet sich in einem weitläufigen und großartigen alten Klosterbau, auf dem Hügel zwischen Donau und Inn, nahe ihrem Zusammenfluß. Die Schulzimmer, die ich kennengelernt habe, sind geräumig und hoch und doch eng und düster. Das Zimmer, in dem meine Klasse untergebracht war, hat als einzige Lichtquelle zwei Fenster gehabt auf einen mit hohen Bäumen bestandenen kleinen Hof hinaus; es ist mir völlig finster erschienen. Zu der Finsternis ist eine unheimliche Stille gekommen, die stets in diesem Raum geherrscht hat. Die etlichen dreißig Buben im Alter von zehn bis zwölf Jahren, die dort unterrichtet worden sind, waren fast durchweg aus dem Bayerischen Walde gebürtig. Pfarrer und Lehrer hatten sie sorgfältig ausgesucht. Ihr unverrückbares Ziel war der geistliche Beruf, dessen äußeres Gehaben sie schon jetzt mit Sicherheit nachzuahmen verstanden. Sie nahmen die höhere Schule mit einem grimmigen Ernst in Angriff, lernten, daß ihnen die Köpfe rauchten – weniger, weil ihnen die Arbeit schwierig, als weil sie ihnen ungewohnt war und vor allem gefährlich erschien – und in den Unterrichtsstunden rührten sie sich überhaupt nicht. Sie sind dagesessen wie gelähmte Hühner. Die Lehrer haben das als etwas ganz Selbstverständliches hingenommen; ich habe nicht ein einziges Mal beobachtet, daß sich einer darüber gewundert hätte. Dagegen, wenn ich auch nur versucht habe, mit meinem Nachbarn etwas Verbindung aufzunehmen oder lustig zu sein, sind sie sofort über mich hergefahren, als ob sie mich vernichten wollten ...

Das Leben auf meinem Heimatdorf hat sich in der Erinnerung immer mehr verklärt, und da ich keinen Menschen gehabt habe, der mich oder den ich verstanden hätte, bin ich ganz hintersinnig geworden und habe schließlich nicht mehr ein und aus gewußt vor Bitternis.

Da ist eines Morgens, zu Anfang Dezember, der erste Schnee gefallen. Auf dem Schulweg, eine steile, enge Gasse hinan, habe ich ihn unter den Füßen gehabt, und immer noch hat es weiter geschneit, in dichten Flocken, ruhig, ohne aufgeregten Wind, in schwärzlicher Luft. Ein großes Glücksgefühl ist über mich gekommen. Der Schnee ist als der vertraute Freund erschienen, der geradewegs von zu Hause kommt, der mich gut kennt und der weiß, was man mir angetan hat. Ich habe mich mitten auf die Gasse gestellt, habe ihn auf Gesicht und vorgestreckten Händen glückselig gespürt, und vor allem habe ich ihn gerochen, und das hat mich ganz taumelig gemacht.

In der Schule, in der Arithmetikstunde, habe ich an diesem Vormittag von allem, was da vorgegangen ist, nichts gesehen und gehört. Ich bin daheim gewesen auf dem Dorf, völlig hingegeben den Winterfreuden, dem Eisschießen und Schneeballenwerfen. Was war das für ein prachtvolles Leben! Gegen Weihnachten ist der Weiher richtig zugefroren, und dann hat bis tief in die Dämmerung das Dorf widerhallt vom fröhlichen Läuten der Eisstöcke und vom Kampfgeschrei der Eisschützen. Kein wehrhafter Mann ist diesem kraftvollen Vergnügen fern geblieben, und wir Buben, am Rande des Weihers geduldet, haben uns eifrig in den Anfangsgründen der Kunst geübt, in Haltung und Redeweise den Alten durchaus ebenbürtig. Aber ganz zur Entfaltung sind wir dabei doch nicht gekommen; das ist dem Schneeballenwerfen vorbehalten geblieben. Das haben bei uns ernsthaft überhaupt nur die Buben betrieben.

Neben der Wahrscheinlichkeit, einen harten Ball an die Nase, in den Mund, auf die Augenbrauen zu bekommen, oder mit einem äußerst wütenden Gegner raufen zu müssen, hat auch noch die größere Gefahr bestanden, von den Erwachsenen, denen die eingeworfenen Fensterscheiben gehört haben, zur Verantwortung gezogen zu werden.

Einmal hat es sich ereignet, daß wir beim Zwicklbauern eine Reihe von Fenstern zertrümmert haben – der Kampf hatte sich unglücklicherweise gerade vor dieses Anwesen gezogen und die eine Partei hat mit dem Rücken an der Hauswand gefochten. Beim Zwicklbauern ist alles in der Holzarbeit gewesen, bis auf den alten Vater und die Wabn, ein übertragenes, scharfes und unduldsames Frauenzimmer, das seit dem Tod der Bäuerin das Hauswesen versorgt hat. Der alte Vater hat nicht viel bedeutet, er hat sich auf kraftlose Drohungen beschränken müssen, ohne den Abbruch der Kampfhandlungen, die im vollen Gang waren, herbeiführen zu können. Aber die Wabn! Wir haben sie schon im Hause mit gellender Stimme schreien und schimpfen hören, und dann ist sie plötzlich wie der Teufel zur Tür herausgefahren, gerade zur Unzeit. Denn der Schütze, Ignaz Kapsreiter, der vor der Türe Stellung bezogen hatte, ist in diesem Augenblick einem pfeifenden Ball ausgewichen und dieser Ball hat die

Wabn auf den Mund getroffen und ihr einige Zähne beschädigt. Wir sind zwar daraufhin wie der Blitz verschwunden, aber die Wabn hat doch ein paar erkannt, und außerdem ist in solchen Fällen ohne besondere Gewissenhaftigkeit bei der Feststellung der Täter verfahren worden. Kurz, wir haben ein paar äußerst drangvolle Tage zu verleben gehabt.

Gott mag wissen, wie es gekommen ist, daß mich die Erinnerung an dieses Gefecht an jenem Morgen im Schulzimmer zu Passau so überwältigt hat, daß ich geglaubt habe, mit Schneeballen könnte ich erfolgreich gegen die Finsternis und Enge meines jetzigen Daseins vorgehen. Jedenfalls melde ich mich plötzlich hinaus und gehe wie benommen in den dunklen Nebenhof. Es schneit immer noch. Ich ziehe den Duft des Schnees tief in mich ein, knie mich hin und knete mir einen kleinen Stapel runder, fester Ballen.

Der Schnee ist so weiß, so zart und schmiegsam, daß ich am liebsten hätte weinen mögen. Ich überlege erst, ob ich diese prächtigen Kugeln verschießen soll, aber dann gebe ich mir einen Ruck und werfe, wie ich's vom Dorf her gewohnt bin, rasch, kraftvoll und sicher – leider Gottes. Sofort zerspringen mit ärgerlichem Krachen in einem Fenster meines Klassenzimmers zwei Scheiben und ehe ich mich um weitere Munition bücken kann erscheint der Arithmethiklehrer an dem zerbrochenen Fenster und brüllt auf mich heraus, ob ich wahnsinnig geworden sei. Er schleppt mich zum Rektor, vor Zorn außer Atem, und der will nun von mir wissen, warum ich die Fenster eingeworfen habe. Der Tatbestand ist ja klar und erwiesen, da gibt es nichts mehr festzustellen und zu fragen, bleibt also nur das Motiv der merkwürdigen Handlung zu erforschen.

Ich besinne mich und sage lange kein Wort, nicht aus Trotz denn der Rektor hat gut mit mir geredet, sondern weil ich nicht sicher bin, ob die Dunkelheit und Totenstille im Schulzimmer des Gymnasiums und die Erinnerung an den Winter daheim wohl der Grund sein könnten, von dem der Rektor sagt, daß ich ihn gehabt haben müsse. Schließlich nehme ich mir ein Herz und sage: der Schnee hat so gerochen – und schaue ihn dabei scharf an, ob er es denn auch versteht. Er versteht es nicht. Er schüttelt unwillig den Kopf: »Wieso hat der Schnee gerochen? Der Schnee riecht doch nicht, du dummer Bub. Und wenn er riechen würde, wäre das noch kein Grund, die Fenster des Klassenzimmers einzuwerfen während des Unterrichts!«

Wenn er weiterfragen würde, käme er schon dahinter, wie die Dinge zusammenhängen, denn ich bin nicht verstockt, sondern willens, ihm zum Verständnis zu helfen. Indessen will er nichts mehr wissen; meine Antwort genügt ihm, wenn sie ihm auch unverständlich ist; als alter Pädagoge weiß er, daß es sich um eine dumme Ausrede handelt, der man gar nicht erst nachgehen darf. Er hört auf, freundlich zu reden und schreit mich so wild an, daß es mich ganz anheimelt. Ich erwarte, daß er mir jetzt ein paar hineinhaut, wie es die Erwachsenen nach meiner Erfahrung immer machen, wenn sie sich über unsereinen ärgern, und daß die Sache dann erledigt ist. Das geschieht aber nicht, er schreit nur und bestraft mich mit einem Rektoratsarrest, den ich am nächsten freien Nachmittag absitzen muß – in einem Zimmer, dessen Fenster auf den Inn hinunterschauen. Zwei Stunden bin ich allein in dem großen Raum voller Bänke und Tafeln und Pulte und Landkarten. Ich stelle mich ans Fenster, es ist ein sonniger Wintertag, unter mir strömt der Inn in mächtigen Fluten dahin, wie ich es von zu Hause her kenne, am andern Ufer steigt eine Hügelkette hinan, oben sehe ich vereinzelte Höfe, es ist ganz still.

Und als es an diesem Abend dunkel geworden ist und die Glocken vom Dom zur Nacht geläutet haben, laufe ich aus der Stadt, heimwärts.

Man geht bei Tag und gutem Wetter bis in mein Dorf acht Stunden. Jetzt aber ist es stockfinstere Nacht, der Weg naß und schwer, und ein hartnäckiger Wind macht mir zu schaffen. Vier Stunden muß ich durch einen dichten Forst gehen, ich stehe entsetzliche Angst aus. Immer weiter laufe ich, durch viele schlafende Dörfer, vorbei an Höfen, Bäche entlang, hügelauf und hügelab, ohne einen andern Gedanken, als: heim, heim. Am frühesten Morgen, es ist noch finster, komme ich zu Hause an, gerade zum Morgenkaffee, nun zum Sterben müde. Aber ich bin unendlich glücklich und halte es für selbstverständlich, daß die Eltern und alle meine Leute ebenso glücklich sind, weil ich wieder bei ihnen bin. Ich glaube, sie müssen genau solche Sehnsucht gehabt haben nach mir, wie ich nach ihnen und darauf gewartet haben, daß ich endlich wieder zu Hause erscheine – so, und nun bin ich da, habe den weiten Fußmarsch, Nacht und böses Wetter auf mich genommen, und nun fehlt nichts mehr, alles ist gut.

Außer mir ist aber niemand glücklich und auch ich bleibe es nicht lange. Anstatt Freude hat mein Erscheinen Schrecken verbreitet. Zwar ist mir zugebilligt worden, daß Heimweh eine bittere Sache sein kann, allein niemand hat verstehen wollen, daß man aus Heimweh von der Stadt und dem Gymnasium weg in sein Dorf läuft. Heimweh wird unterdrückt und es vergeht dann schon. Es ist töricht und unzulässig, aus Heimweh eine Nacht hindurch zu laufen, um heimzukommen.

Ich habe mich ausruhen dürfen, und am gleichen Tag hat mich meine Mutter wieder in die Stadt gebracht. Sie hat mich beim Abschied fest an sich gedrückt und hat mit mir geweint.

Der Vater starb, als Wilhelm Dieß 18 Jahre alt war (1902). Die Mutter erhielt eine Witwenpension von monatlich 42 Mark. Dieß absolvierte das Gymnasium in Landshut, wo er bis 1902 im Königlichen Studienseminar Kost und Unterkunft fand. Hans Carossa hatte dieses Seminar kurz vorher besucht. Ähnlich wie Carossa schildert Dieß im Rückblick seine Kindheit und Jugend. Aber was wir erleben, ist – im Gegensatz zu Carossa – nicht der einsame Autor am Schreibtisch, sondern der Mann, der am selben Tisch mit seinen Zuhörern sitzt und erzählt, was er sah und erfuhr.

»Die lebendige Heimat« – sagt Alois Winklhofer – »füllte sein Leben aus und ihm war gegeben, davon auch reden zu können. Wes das Herz voll war, des ging ihm der Mund über. Er konnte erzählen. Schreiben war von Haus aus seine Sache nicht. Was wir von ihm an Gedrucktem haben, wurde zuerst in geselliger Runde erzählt, aus dem Stegreif.«

Es gibt eine Aufnahme, in der Wilhelm Dieß eine Geschichte erzählt. Der Mitschnitt entstand in seinen späten Lebensjahren im Hause von Gustl Feldmeier am Marienplatz in München, am 15. Mai 1955. Von diesem Tondokument gilt, was der Kunstkritiker Hanns Braun einmal schrieb: »Geboren war er zwischen Rott, Donau und Inn und von daher muß er diese unerschütterliche, aber auch völlig unaufdringliche, altbayerische Ruhe mitbekommen haben, die, während er erzählte, in immer stärkeren Gegensatz zum Gehaben seiner Zuhörer geriet. Denn diese bogen sich vor Lachen, sooft der Erzähler seinen quasi trockenen Bericht um ein Sätzlein weitergesponnen hatte, mühelos, stämmig und auf entwaffnende Art ungeheuer erheiternd.«

Also eine Stegreifgeschichte:

Wie wir das erstemal Fußball spielten
(Ausschnitt)

An dem humanistischen Gymnasium der niederbayerischen Stadt, das ich um die Jahrhundertwende besuchte, wurde, als ich eintrat, der Turnunterricht vom Zeichenlehrer erteilt. Dieser Lehrer, der beide Disziplinen beherrschte, war ein ehemaliger Offizier, der durch einen Sturz vom Pferd dienstuntauglich und dann Turnlehrer geworden war, wenn er als solcher auch stark gehemmt war durch die Folgen seines Sturzes. Aber die Anforderungen an die turnerischen Leistungen von Lehrern und Schülern waren damals nicht sehr streng, und beim Zeichnen war's ebenso. Um zu sparen, hatte man dem wackeren Mann auch den Zeichenunterricht übertragen. Er hat nicht gut zeichnen können. In seinem Unterricht hat er gelehrt, wie man Mäander zeichnet und mit grüner oder roter Kreide einfärbt. Der Fortschritt hat im doppelten Mäander, der nur für besonders Begabte erreichbare Gipfel im verschlungenen Mäander bestanden. Ich habe es leider nur bis zu einem doppelten Mäander gebracht, und der war nicht vorbildlich.

Aber man weiß, die höheren Schulen werden unaufhörlich verbessert. Infolgedessen haben wir eines Tages einen eigenen Zeichenlehrer bekommen und einen neuen Turnlehrer. Der Turnlehrer war ziemlich jung, aber so dick, daß er nicht imstande war, selber zu turnen, sondern nur beschreiben konnte, wie es gemacht wird. Darin freilich war er leidenschaftlich, und er litt sichtlich darunter, daß er bei der Schilderung der Übungen zu sehr darauf achten mußte, daß wir die vorgeschriebene Ruhe wahrten.

Er hat viel an Geräten turnen lassen, aber sehr vorsichtig. In seinen Plänen dagegen war er kühn. Sooft wir ans Reck getreten sind, hat er uns die Riesenwelle genau und eingehend beschrieben, daß wir auf sie geradezu lüstern wurden. Aber niemals ist es zu dieser Riesenwelle gekommen. Denn zum Schluß seiner Schilderung hat er erklärt, die Riesenwelle sei zu gefährlich, die Verantwortung dafür könne er nicht auf sich nehmen. Er hat uns dann Klimmzüge machen lassen. Diese Verantwortung hat er auf sich genommen.

Einen schweren Kampf hat er mit der Disziplin gekämpft. Der Turnlehrer hat es an sich nicht leicht, die Schüler im Unterricht ruhig und aufmerksam zu halten. Ich vermute, das kommt daher, daß die Schüler beim Turnen nicht in Bänken sitzen und deshalb glauben, sie sind nicht richtig in der Schule. Für unsern Turnlehrer ist die Schwierigkeit besonders groß gewesen wegen seiner geringen Beweglichkeit. Es ist vorgekommen, daß Schüler während seiner Schilderung im Hintergrund für sich turnten, und dabei hätte sich unser Mitschüler Witt auf ein Haar das Kreuz gebrochen. Dieser hat sich einmal, während die Klasse um den Lehrer geschart stand, ans hohe Reck begeben und hat verwegen die vom Turnlehrer beschriebenen Übungen probiert. Dabei hat er das Übergewicht bekommen, ist heruntergefallen, und zwar auf den Schädel. Es hat ungeheuer gekracht. Der Turnlehrer ist so erschrocken, daß es ihm völlig die Sprache verschlagen hat. Der Witt ist bewußtlos gelegen, wir haben ihn ins Krankenhaus geschafft, und es hat lange gedauert, bis er wieder in die Schule gekommen ist. Indessen hat er keinen bleibenden Schaden davongetragen.

Der Turnlehrer ist von dieser Zeit an noch furchtsamer gewesen, im Beschreiben aber noch kühner geworden als zuvor ...

Nach der Matura immatrikulierte sich Dieß an der Universität München. Es war derselbe Weg, den Carossa genommen hatte. Dort hießen die Stationen: Pilsting – Landshut – München; bei Dieß: Höhenstadt – Passau – Landshut – München. Wenn Passau wie das Innviertel oberösterreichisch geworden wäre – dieses Gedankenspiel sei erlaubt – hätten die Bildungsstationen des jungen Dieß – wie bei dem siebzehn Kilometer ostwärts geborenen Richard Billinger – wahrscheinlich Linz und Wien geheißen. So lebte er also in München und studierte Rechtswissenschaften. Die Mutter, die nach dem Tod des Vaters nach Landshut gezogen war, folgte dem Sohn nach München.

Wilhelm Dieß verdient sich durch Nachhilfeunterricht und Musizieren sein Studium. Er spielt Klavier, Geige, Bratsche, Cello, und singt im Opernchor. 1908 besteht er das Schlußexamen. 1909 promoviert er. 1911 macht er den Staatskonkurs. Von den Anstrengungen der vergangenen Jahre erholt er sich auf einer großen Fußwanderung, die ihn hinunter bis in die Wachau führt. Und da gibt es diese bestechende Schilderung, wie Dieß in Melk vom Klosterwein überwältigt wird. Er kommt frühmorgens an, das Kloster ist aber erst nachmittags für Besucher offen.

Die Besichtigung des Klosters wollte ich nicht versäumen, ich hab' mich infolgedessen in das Klosterstüberl verfügt. Das hätte ich nicht tun sollen!

Es war erst acht Uhr, der Klosterwein war, wie er in allen Gedichten beschrieben ist, gut und hat ausgezeichnet geschmeckt, die Zeit hat sich aus dem Lokal entfernt und hat mich mit dem Heurigen und einem großen Wohlbehagen allein gelassen. Bis zwei Uhr nachmittags bin ich jeder Erdenschwere enthoben und restlos glücklich gewesen.

Einige Jahre war Dieß dann Sozius bei dem Verteidiger Max Bernstein, einem Freund Fontanes, Hauptmanns, Rilkes und Ganghofers, in dessen Salon Thomas Mann seine spätere Gattin Katja Pringsheim kennenlernte.

1913 wurde Dieß zur Staatsanwaltschaft des Landgerichts Traunstein berufen. Als der Kriegs ausbrach, ging er als Freiwilliger ins Feld, wurde verwundet, erhielt das EK II und I und den Bayerischen Militärverdienstorden mit Schwertern.

1918 wird Dieß als Oberleutnant entlassen. Er heiratet im gleichen Jahr Elisabeth Gerson und macht eine Anwaltskanzlei in München auf. In der Sonnenstraße, auf Nummer 3. Er will unabhängig sein und lehnt eine Übernahme in den Staatsdienst ab. Von der Bayerischen Staatsregierung wird er wiederholt als Vertreter der Anwaltschaft zu den Deutschen Juristentagen der Tschechoslowakei delegiert. 1929 nimmt er an der Tagung der Berner Union in Rom teil. Nach 1933 wird er nicht mehr delegiert. Mit den neuen Machthabern kann er nichts anfangen. Das beruht auf Gegenseitigkeit. Immer mehr zieht er sich auf die Eck bei Tegernsee zurück. Das ist ein kleiner Bauernhof, den er 1925 erworben hat. Und er wird Bauer. Dadurch gelingt es ihm auch, sich der Einberufung zur Organisation Todt zu entziehen.

Alois Winklhofer schreibt: »Das tätige Leben, nüchtern und als Dienst geleistet, schien dem musischen Antrieb wenig Raum zu gönnen; und doch war es nur ein Rahmen.« Rahmen für ein reiches erzählerisches Werk. Erzählerisch im buchstäblichen Sinn, denn Dieß war in all den Jahren seit 1920 ein blendender Erzähler gewesen. Er steckte voller Geschichten.

In der Süddeutschen Zeitung beschrieb Hanns Braun einmal, wie es dazu kam, daß diese Stegreifgeschichten zum Buch wurden: »Die Vis comica des geborenen Erzählers – ich habe sie nie vorher und auch später an keinem andern so als völlig unbegreifliche Gabe, als Geschenk des Himmels (eines weiß-blauen Himmels) erlebt wie bei Wilhelm Dieß. Und da sagte dann jeder zu ihm: Schreiben Sie das doch auf! Das sind herrliche Geschichten; die muß man gedruckt lesen! Aber der Anwalt und Erzähler Dieß, der reden konnte – schreiben, glaubte er, könne er nicht. Daß wir schließlich die ›Stegreifgeschichten‹ doch im Buche zu lesen kriegten, war einem Einfall Ernst Heimerans zu danken. Er versammelte Dieß und ein paar Freunde um einen Tisch; und während Dieß uns erzählte, was wir noch nicht kannten (oder, wenn doch, nicht müde wurden, noch einmal aus seinem Munde zu hören), währenddem saß ein von Heimeran gedungener Jünger Gabelsbergers hinter einem Vorhang nebenan und stenographierte mit.«

Es war im Jahre 1916 an der Ostfront. Da hat ein General eine Armeegruppe kommandiert, der die Auffassung gehabt hat, daß im Kriege der Soldat alle Pflichten zu erfüllen hat, die man im Friedensdienst und in der Kaserne von ihm verlangt. Ob das geschieht, hat er daran geprüft, ob die Leute die für den Dienstanzug vorgeschriebene Halsbinde getragen haben. Diese Halsbinde war ein schmaler Streifen feldgrauen Stoffes, mit zwei Bändern zum Zuschnüren versehen, unter dem Rockkragen der Uniform zu tragen. Es war umständlich, sie anzuziehen, besonders wenn's pressiert hat. Sie war auch nicht dauerhaft, Regen und Schweiß hat sie schlecht vertragen. Und sie hat überhaupt widerwillig Dienst gemacht, was daraus zu sehen ist, daß sie sich bei der ersten Gelegenheit gedrückt hat und nicht mehr zum Vorschein gekomen ist.

Der General indessen hat auf der Halsbinde bestanden und hat jedem Mann, mit dem er im Felde zusammenkam, zuerst auf den Hals gesehen. Wehe, wenn da keine Halsbinde war! Offiziere und Mannschaften haben das gewußt. Von oben nach unten wurden entsprechende Belehrungen ausgeteilt, verbunden mit nach unten sich verstärkenden Drohungen, falls einer sich unterstehen sollte, ohne Halsbinde im Krieg herumzulaufen ...

Eines Tages reitet der General hinter der Front mit zwei Ordonnanzoffizieren übers Feld und kommt auch zu einer bayerischen Flakbatterie, deren Führer ein bayerischer Reserveoffizier war. Von dem Führer dieser Flakbatterie habe ich die Geschichte. Der Führer der Batterie hat sich gemeldet, es war alles in Ordnung, und der General ist mit seinen Ordonnanzoffizieren wieder weitergeritten. Nach kurzer Zeit kommt einer der Husarenoffiziere zurück, hält beim Leutnant und sagt ihm, Seine Exzellenz wäre mit einem Manne ins Gespräch gekommen, der ganz seltsame Worte gebrauche, die sie nicht verstünden. Möglich, daß der Mann ein Bayer ist, und dann muß ihn ja wohl der bayerische Batterieführer verstehen können. Seine Exzellenz wünschen, daß der Batterieführer zu Hilfe kommt. Der Leutnant ist mitgekommen.

Vor dem General steht, in den Boden gewachsen, blaß und unscheinbar, ein bayerischer Infanterist. Den hat der Teufel geritten, daß er den General nicht erkannt und nicht rechtzeitig die Flucht ergriffen, sondern ihm seine Ehrenbezeugung gemacht hat, als ob nichts wäre. Er hat aber schnell begriffen, was los ist, als eine hohe klingende Stimme unmittelbar in seinen Magen schneidet: »Wo haben Sie Ihre Halsbinde?«

Der Mann erstarrt zur Säule, er weiß, jetzt hat der Blitz eingeschlagen, er sagt gar nichts.

»Wo haben Sie Ihre Halsbinde?« wiederholt der General.

Jetzt muß eine Antwort her, sonst ist ihm die ewige Verdammnis sicher. »Entschuldigens, Exzellenz, koane Sock'n hob i a net.«

»Was sagt der Mann?«

»Entschuldigens, Exzellenz, koane Sock'n hob i a net.«

Der General fragt die Ordonnanzoffiziere, was der Mann gesagt hat; keiner hat was verstanden. Gott sei Dank, nun haben sie den bayerischen Leutnant da. Der berichtet dem General: »Euer Exzellenz, der Mann sagt, er habe auch keine Socken.«

»Soll das vielleicht eine Erklärung dafür sein, daß der Mann keine Halsbinde hat?«

Der General schaut den Leutnant sehr dienstlich an, als ob dieser für die Halsbinden der ganzen bayerischen Armee verantwortlich wäre. Der Leutnant steht in gefaßter Haltung und schweigt. Dem Infanteristen wird langsam wieder wohler.

Das sei eine durchaus ungenügende Erklärung, schmettert der General, ein Mann, der keine Socken hat, muß trotzdem eine Halsbinde tragen. Wo denn der Mann hingehört?

Er gehört zu einer bayerischen Sanitätskompanie, die irgendwo in der Nähe eingesetzt ist. Der Feldwebel muß kommen. Der Feldwebel hat unterwegs Zeit, sich die Sache zu überlegen. Es gibt nichts zwischen Himmel und Erde, dem ein Feldwebel nicht gewachsen ist.

»Eine unerhörte Schweinerei«, sagt der General, »da ist ein Mann, dieser Mann da, der will den Umstand, daß er keine Halsbinde trägt, damit erklären, daß er keine Socken hat.«

»Entschuldigen Sie, Euer Exzellenz«, sagt der Feldwebel, »den Mann kennen wir schon.«

»Das glaube ich«, sagt der General, wobei er im Tonfall merken läßt, daß er mit dem Feldwebel soweit zufrieden ist, da er den Mann schon kennt, wie es sich für einen Feldwebel gehört, »das ist eine unerhörte Schweinerei, der Mann muß bestraft werden.«

»Jawohl, Euer Exzellenz« erwidert der Feldwebel, »den kennen wir schon, der ist im Kopf nicht ganz beieinander.«

»Was? Was soll das heißen: im Kopf nicht ganz beieinander? Der Mann ist wohl im Koppe nicht ganz richtig?«

»Jawohl, Euer Exzellenz.«

»Dann muß er nach Hause geschickt werden. Solche Leute kann ich im Felde nicht gebrauchen.«

Der General und die beiden Husarenoffiziere sind weitergeritten, die drei bayerischen Soldaten, der Leutnant, der Feldwebel und der Infanterist haben ihnen in Haltung nachgeschaut.

Der Infanterist ist wirklich in die Heimat geschickt worden. Ich glaube aber, daß der Feldwebel dafür gesorgt hat, daß er da nicht allzu lange verblieben ist.

Hanns Braun fährt in dem schon erwähnten Feuilleton fort: »Ich halte es für ausgemacht, daß bei den späteren Sessionen Dieß um den ›Horcher an der Wand‹ wußte. Aber seine Weigerung zu Beginn entstammte sicher der Bescheidenheit; er hielt seine Erzählungen einfach für ›nicht buchenswert‹ (um es mit einer Thomas-Mann-Formel zu sagen).«

Abgesehen von seinem 1918 erschienenen lyrischen Jugendwerk »Feldblumen, anspruchslose Lieder« (Lieder im buchstäblichen Sinn, denn der grundmusikalische Autor hat sie auch komponiert) fand Wilhelm Dieß also sehr spät zu seinem eigentlichen literarischen Schaffen. Erst nach dem Bucherfolg der Stegreifgeschichten hat es Dieß gewagt, die Feder nicht mehr nur für anwaltschaftliche Schriftsätze oder presserechtliche Deduktionen zur Hand zu nehmen; seine späteren Erzählungen wurden aufgeschrieben.

Das war 1936. Fünf Jahre später folgte der Band »Heimweh«, 1947 die Erzählung »Der kleine Stall«. Im Jahr 1950 erschien die Geschichte »Der singende Apfelbaum« und vier Jahre später der Schicksalsrapport »Madeleine Winkelholzerin«. In den späten fünfziger Jahren sind die Erzählungen von Wilhelm Dieß von einem Münchner Verlag in einer dreibändigen Kassette herausgegeben. worden. Der zweite Band bekam den von Dieß selbst bestimmten Titel »Die Heimat, von der ich rede«, der dritte Band hieß »Wir wenden das Leben hin und her«. In diesem Band gibt es die eindrucksvolle Schilderung eines entstehenden Gewitters:

> Am frühen Nachmittag zeigt sich senkrecht am prangenden Sommerhimmel überm Fockenstein eine weiße, zart gebauschte, dunkel geränderte Wolke. Sie wandert unauffällig und bescheiden gegen Osten. Unterwegs erhält sie von anderen ihresgleichen Zuzug, die unvermerkt aus dem Kreuther Tal und der Gegend zwischen Isartal und Taubenberg sich einfinden. Zuerst ziehen sie alle für sich des Wegs, als ob sie nichts voneinander wüßten und auch gar nichts wissen wollten, auf einmal aber sind sie dicht beisammen, ihre blauschwarzen Ränder fließen langsam ineinander und werden zum Hintergrund für die hellen Wolken, die sich ihrerseits vereinigen und allmählich zu mächtigen Gebirgsstöcken aufblähen. Die gespenstische Landschaft treibt mit immer heftiger werdendem Schwung lautlos auf die Sonne zu, die ruhevoll auf ihrer Bahn nach Westen dahinzieht. Nach einiger Zeit erreichen sie sich. Der riesige Wolkenwürger schiebt sich über die Sonne und erstickt sie. Das goldene Tageslicht verwandelt sich von einem Augenblick zum andern in einen giftigen Dämmerschein, eine unheimliche Tagesnacht ist angebrochen.

Das Leben ist für Dieß ein großes Ganzes. Man kann es ihm nicht zertrennen in Mensch, Tier, Pflanze, Stein. Auch nicht in gestern und heute. Ihm ist das Gestern noch im Heute und das Heute war schon im Gestern. Leben ist ihm überall. Auf dem Kriegsfuß steht er einzig mit der Maschine. Aber auch diesen Konflikt löst er durch seine Erzählkunst in eine Ergötzlichkeit auf:

> Maschinen, die jedermann willig dienen und sich von Kindern als von ihresgleichen behandeln lassen, werden widerhaarig und boshaft, sperren sich, verweigern jede Leistung, schlagen vorn und hinten aus, wenn sie mit mir zu tun haben. Ich meinerseits liebe sie nicht, und habe auch keine zu große Achtung vor ihrer Leistung, weil sie meistens nur eine einzige Sache können, die sie wie wild immerzu verrichten, und weil sie überhaupt immer das gleiche tun müssen, wenn sie jemand in Gang setzt. Kurz gesagt, mir ist eine Geige lieber als ein noch so großer und starker Elektromotor. Ich verstehe auch nichts von Maschinen und bin froh, wenn ich merke, was vorn und hinten ist.

Am Schicksal des Bauern Holzlehner macht Wilhelm Dieß in der Erzählung »Tiberius scherzt« das Ineinandergreifen der kleinen Ursachen im Leben deutlich. Der alte grantige Weberkaspar führt eine Kuh nicht fachgerecht zum Stier des Holzlehner. Der Stier will von der Kuh nichts wissen. Worauf der Weberkaspar an der »Männlichkeit« des Stiers zweifelt und damit den Holzlehner so schwer beleidigt, daß der sich gleich einen neuen, einen wilden Stier, eben den Tiberius, kauft. Von diesem aber wird er unsanft aus dem Leben befördert. Und Dieß schreibt:

> Es bleibt zu bedenken, was alles zu besorgen war, daß der Holzlehner in seinen besten Jahren den ihm bestimmten frühen Tod finden konnte: der alte Weberkaspar mußte eine Kuh den Berg hinaufführen, was er eigentlich nicht mehr leisten konnte, was ihm auch gar nicht mehr oblag, was aber den Erfolg hatte, daß die Kuh abgetrieben ankam und vom Stier verweigert wurde; der Holzlehner mußte sich durch ein Schimpfwort ohne Grund getroffen fühlen und dann bis ins Simmental fahren und viel Geld ausgeben, um den Tiberius zu holen, der bestimmt war, ihm den Tod zu bringen.

Schließlich fällt der für die Erzählung zentrale Satz: »Jeder geht seinen geweisten Weg, er sieht aber nicht, wann er um die letzte Ecke biegt.«

In den berüchtigten zwölf Jahren hatte Dieß zurückgezogen gelebt, getreu seinem Wahlspruch: »Niemandes Herr, noch minder

Knecht.« Der Freundeskreis war klein geworden. Nur der Kiem Pauli war regelmäßig zur Eck heraufgestiegen mit seiner zusammenklappbaren Zither im Rucksack. An Silvester 1941 schrieb er ins Gästebuch:

> Leutl, paßts auf, ja gwiß is' und wahr,
> jetzt geh ma eini in a sehr schweres Jahr.
> Was werd alles kemma, was werd alles gschehng,
> bis mir uns in an Jahrl auf der Eck wieder sehng!

Nach dem Zusammenbruch 1945 war der Bedarf an unbelasteten Männern groß. Dieß, der zeitlebens dem Staatsdienst ausgewichen war, konnte sich nicht mehr entziehen. Der Einundsechzigjährige ließ sich überreden, im Herbst 1945 als Ministerialrat in das Bayerische Justizministerium einzutreten. Von dort wechselte er über ins Kultusministerium und wurde Generaldirektor der Bayerischen Staatstheater. Die Bayerische Akademie der Schönen Künste nahm ihn als ordentliches Mitglied auf und wählte ihn zum Direktor der Abteilung Schrifttum. Seit 1948 versah er auch das Amt des ersten Vorsitzenden des Bayerischen Landesvereins für Heimatpflege. Hanns Braun schrieb damals: »An der Universität sodann vertrat der Doktor juris und Honorarprofessor einen Lehrauftrag seiner Fakultät; ein Nichtjurist hat mir erst heute gestanden, daß er bei ihm Urheberrecht hörte, nicht zuletzt darum, weil es so lustig war.«

Auch Raimund Eberle erinnert sich: »Ich habe im Wintersemester 1949/50 bei Professor Dieß Urheberrecht belegt und war sehr erstaunt, als ich, begierig nach der Juristerei, von ihm folgendes zur Einleitung dieser Vorlesung zu hören bekam: ›Meine sehr verehrten Damen, meine Herren. Sie sind gekommen, um Urheberrecht zu hören bei mir; aber das Wichtigste am Urheberrecht ist, daß Sie von den Urhebern etwas wissen, und darum lassen Sie mich zu Beginn der Vorlesung von diesen Urhebern, nämlich von den Künstlern reden!‹ Und dann hat Professor Dieß zu unser aller Freude das ganze Semester lang eigentlich nur von den Urhebern gesprochen, und trotzdem haben wir das bekommen in dieser Vorlesung, was man braucht vom Urheberrecht, darüber hinaus aber das Verständnis für die Materie und vor allem die Menschen, die damit umgehen. – Wenn ich denke, daß Begriffe wie Josef Ruederer zum Beispiel oder auch Johann Andreas Schmeller alle aus dieser juristischen Vorlesung zum erstenmal in meine Vorstellungswelt gekommen sind, daß das großartige Werk von Johann Andreas Schmeller, das Bayerische Wörterbuch, uns in dieser juristischen Vorlesung über das Urheberrecht erschlossen wurde und daß ich seitdem das Lesen in diesem Buch jedesmal als ein besonderes Vergnügen empfinde, dann geht das alles zurück auf diesen weltläufigen bayerisch gebildeten Wilhelm Dieß.«

An *eine* Vorlesung erinnert sich Raimund Eberle besonders gut: »Eine der ergreifendsten Begegnungen mit Wilhelm Dieß war eines Winternachmittags eine Vorlesung, in der er von Gutenberg erzählt hat. Mit seinem massigen Körper lehnte Dieß auf dem Vortragspult und erzählte das ganze Leben von Gensfleisch, auch sein trauriges Ende. Und in diese Stille eines Winternachmittags hinein sagte er dann mit ganz leiser Stimme und dabei kamen ihm die Tränen, und sie rannen über seine vollen Backen: ›Sehen Sie, meine sehr verehrten Damen und Herren, so ist der Mensch, der der Menschheit soviel geschenkt hat, elendiglich zgrund gangen.‹ In dem Hörsaal war es so still, man hätte ein Frauenhaar wie einen Knüppel zu Boden fallen hören. Dann hat Professor Dieß seinen breitkrempigen Hut genommen, seine alte Aktentasche, und ist ganz langsam aus dem Hörsaal gegangen, und im Gegensatz zu sonst, wo man am Ende der Vorlesung geklopft hat, oder schon aufgestanden ist, blieben alle sitzen, bis er bei der Tür draußen war.«

Alois Winklhofer sagte in seiner Würdigung des Dichters Wilhelm Dieß: »Das, was sein Leben ausfüllte, war die Liebe, eine geradezu neugierige, begegnungs- und wanderfrohe Liebe zu seiner niederbayerischen Heimat. Darin steckte auch der Antrieb zum Literarischen und Dichterischen. Er war ein gestandener und gewachsener Altbayer; wie ein Kind in seinem Elternhaus jede Schublade und jeder Schrank, so hat ihn in diesem Land jeder Winkel interessiert. Er ist es zu Fuß auf- und abgewandert und hat dabei seine Augen und Ohren offen gehabt. Er kannte es, kannte seine Hügel und Täler, Straßen und Kapellen, seine Kirchen, seine Geschichte und seine Geschichten. Alles, was darin wuchs, vor allem die Menschen in ihrer Eigenart, liebte er. Man spürt es an seinen Schriften, wie er sich daran nicht satt sehen konnte. In ihm lebte dies Altbayern.«

Dieß bleibt nie im Anekdotischen stecken, was bei der Schilderung von Selbsterlebtem naheläge, immer wird ihm die Geschichte, die er da berichtet, zur Dichtung, wie die späte Erzählung »Ein Männlein steht im Walde«, die mit einer prachtvollen Winterwanderung anhebt.

> Am Neujahrstag eines voll ausgereiften Winters machte ich mich auf, ein mir befreundetes Ehepaar zu besuchen, das in einem versteckten Winkel des bayerischen Grenzwaldes lebte. Nach einer längeren Fahrt in der Eisenbahn, in Zügen, die es nicht eilig hatten, erreichte ich mittags bei glanzvoller, kalter Sonne die Endstation nahe der böhmischen Grenze; ihr Bahnhof, völlig eingeschneit, lag in erstarrtem Winterschlaf. Der Weg, der mir bevorstand, war mir wohlbekannt, und so konnte mich die erschreckte Warnung des Bahnhofvorstehers vor der Unmöglichkeit meines Vorhabens nicht abhalten, in die Waldschlucht abzusteigen, die hinter dem Bahnhof begann.
>
> Damals, vor fünfzig Jahren, wußte man wenig, in jener Gegend überhaupt nichts von Skiern. Ich konnte mich indessen auf meine kräftigen, langschäftigen Stiefel und meine Freude zu wandern verlassen und wurde auch nicht enttäuscht. Die Überwindung der Beschwernisse machte mich gegen die beißende Kälte unempfindlich. Der Wald und die Schlucht schützten mich vor dem Wind.
>
> Ich mußte mich an die Ohe halten, einen rasch strömenden Bach mit dunklem Wasser, der sich zwischen waldbestandenen Leiten sein Bett geschaffen hatte. Am linken Ufer zog sich ein im Sommer lustvoll zu begehender Steig hin. Über ihn breitete sich jetzt eine gewölbte, zum Bach abfallende, angeeiste Schneedecke von wechselnder Dichte. Voranzukommen erforderte Aufmerksamkeit und Geduld. Tiefste Stille umgab mich, keine Spur begegnete mir. Einmal hörte ich von weither über der Leiten einen Hund bellen. Zuweilen verstäubten Fichtenäste ihre Schneelast, zuweilen auch sah ich, wenn ich den mühsamen Schritt verhielt, eine überhängende Wächte vom Ufer in das Wasser eintauchen, das sie eilig mit fortführte. Sonst aber war ich die ganzen Stunden des Weges mit dem Bach, dem Wald und dem Schnee allein. Sie machten mir den Marsch kurzweilig genug.

Am Ende dieser Einsamkeit, wo die Ohe den Wald verläßt, breitete sich ein Talgrund aus von bescheidenem Umfang, ringsum beschützt vom Wald. Am Rand des Tobels, auf leicht ansteigendem Hügel, hart beim Wald, lagen einige Häuser, ein hölzernes Kirchlein mit eingefriedetem Gottesacker und mein Ziel, das steingemauerte Schulhaus. Die kleine Siedlung zeigte auch nicht eine Spur von Leben. Aus den kurzen Schornsteinen, die aus dem Schnee auf den Dächern dunkel sichtbar waren, stieg kein Rauch. Die Sonne hatte sich schon zurückgezogen und der Schneelichten Platz gemacht. Nur ausgetretene schmale Streifen im Schnee, nichts sonst war zu sehen.

Zur Haustüre des Schulhauses mußte ich einige Steinstufen emporsteigen, sie waren mit grobem Sand bestreut. Die Türe leistete, als ich sie öffnen wollte, einigen Widerstand, den ich aber überwand. Eine dünne Glocke gab Laut. Alsbald stand ich in der behaglich gewärmten Wohnstube bei meinen Freunden und ihren beiden kleinen Kindern. Bei der Unterhaltung, deren Inhalt ohne besondere Ordnung war, wurde meiner Marschleistung keine Anerkennung zuteil, sie bedeutete hier nichts. Ich war darüber einen Augenblick verdrossen, fand es aber bald ganz natürlich.

Der Lehrer dieses Schulhauses, Heinrich Tilesius, ein überaus schlanker, jugendlicher Mann mit fröhlichen Augen, hatte sich um die im vorigen Jahr neu eingerichtete Schulstelle dieser weitverstreuten und abgeschiedenen Gemeinde beworben, hatte sie auch unverzüglich zugeteilt erhalten, denn hier stand er keinem im Weg. Seine Vorfahren waren vor Zeiten aus dem Erzgebirge nach Bayern eingewandert und hier seitdem seßhaft.

...

Seine Frau hatte nach kurzer Ehe ihren ersten Mann, einen Bildhauer, durch Absturz in den Bergen verloren. Sie war schon Witwe, als sie einen Knaben zur Welt brachte, mit dem sie zu ihren Eltern zurückgekehrt war, die im Böhmischen, nahe der bayerischen Grenze, einen bescheidenen Handel betrieben. Dort lernte Heinrich Tilesius sie auf einer Ferienwanderung kennen – wie sich rückschauend heute sagen läßt – sehr zu seinem Glück. Zierlich von Gestalt, deren Anmut durch ausgeglichene Beweglichkeit gehoben wurde, mit dunklem, reichem Haar um ein ebenmäßig stilles Angesicht und freundlichen Augen war ihr, wie Heinrich Tilesius alsbald erfahren durfte, eine bezwingende Kraft zu lieben eigen. Die Schwierigkeiten, die mit der Umstellung des Mannes auf einen neuen Beruf der Heirat im Wege standen, wurden durch die sichere Hoffnung auf die gewünschte

Gemeinsamkeit des Lebens jeglicher Bitterkeit entkleidet. Mit der Einsamkeit der Schulstelle war die junge Frau völlig einverstanden, sie besorgte die durch die Umstände beschwerlichen Geschäfte der Hausfrau mit Hingabe.

Zur rechten Zeit gebar sie noch ein Mädchen und fühlte sich alles in allem so glücklich, wie nur immer eine junge Frau es vermag. Bei dem zufriedenen Glück der Eheleute Tilesius einzukehren, lohnte die Reise wohl, die hinter mir lag. Das harte Schicksal indessen fand auch in dieses Versteck seinen Weg. Ich war eben zurecht gekommen, als eine schwarze Wolke hereinzog.

Zwei Tage nach meiner Ankunft hat sich das Büblein von vier Jahren, ein wackerer, frischer Knirps, der mit dem Leben umgesprungen ist wie ein Alter, ganz plötzlich zum Sterben gerichtet. Seit der Schnee eingezogen ist und die Hänge rund um das Schulhaus zu prächtigen und schnellen Rodelbahnen geworden sind, ist er Tag für Tag auf seinen stämmigen Beinen, im Schneetreiben und bei klarer Kälte, mit seinem kleinen Handschlitten, ohne müde zu werden, die Hügel hinaufgestiegen und glückselig zu Tal gesaust. Vorgestern kommt er matt und fiebernd nach Hause. Seitdem liegt er in seinem Bettchen. Der Atem fliegt, das kleine Herz flattert wild, die Backen glühen, das runde Bubengesicht verfällt zusehends. Der Arzt, weit hergeholt durch den Winter, hat erklärt, vorerst könne man nichts erkennen, man müsse das Fieber beobachten und warten. In drei Tagen würde er wieder nachsehen. Das Fieber hat nicht nachgelassen, wir Erwachsenen warten, heute ist der dritte Tag.

Ich stehe am Fenster der Stube mit dem Kinderbett und schaue der Mittagssonne zu, wie sie langsam auf dem Schneefeld auseinanderfließt, und vermeine wieder und wieder den kleinen Kerl zu sehen, wie er auf das Haus zuwankt, den Strick, an dem der Schlitten hängt, fest in der Faust – da hebt auf einmal hinter mir eine helle Kinderstimme zu singen an, Ton für Ton, sauber und rein: »Ein Männlein steht im Walde, ganz still und stumm.«

Kurz darauf haben wir das Büblein am Waldrand in die hartgefrorene Erde gelegt. Ein eisiger Schneewind hat die Gebete davongetragen. Die Tränen sind auf unseren Wangen festgefroren.

Im Frühling, der spät im Jahre hereinfindet in den Tobel, wird, dessen können wir uns getrösten, der Specht locken, Amsel und Drossel werden fröhlich singen, der Kuckuck wird dringlich rufen, die Farben des Hähers, des Holzgockels, des Pirols werden leuchten – und ein Blumenteppich wird ausgelegt sein vor dem Grab.

Der Tobel ist heute nicht mehr einsam wie ehedem. Die Wälder sind zum großen Teil abgeholzt. Die Ohe entlang ist ein Weg ausgebaut. Von Böhmen herüber sind die Flüchtlinge des zweiten großen Kriegs gekommen. Kirche und Schulhaus sind neu erstanden und viele Siedlerhäuser bevölkern den Talgrund. Das Grab des wackeren Bübleins, das in der Not seines Todes das Lob des Lebens gesungen hat, ist mit dem Gottesacker verschwunden.

Alois Winklhofer nennt Wilhelm Dieß: »Ein Genie des Erzählens; er kannte alle Finten, etwas spannend zu machen und auf unvermuteten Wegen einem Höhepunkt und Ende entgegenzuführen. Er erhebt sich dabei zuweilen zu homerischen Formen. So im ›Leichenbegängnis‹.«

Die Hauptrolle spielt in dieser Erzählung zweifellos die Straße. Bevor wir uns diesem Glanzpunkt im Schaffen von Wilhelm Dieß zuwenden, gilt es eine vielleicht nicht unerhebliche Anmerkung zur Sprache zu machen: In Niederbayern und also auch im Stiftsland Passau betont man Gold*brunner* und Au*müller*. Das fängt schon in Landshut und Vilsbiburg an. Da aber Passau donauabwärts missioniert und besiedelt hat, wird natürlich auch in Wien nicht *Au*müller und *Wald*müller betont wie in München, sondern Au*müller* und Wald*müller* wie in Niederbayern. Nur nimmt es die Welt von Wien eher zur Kenntnis, und man sagt: Aha, wienerisch. Dabei ist es niederbayerisch. Obwohl Dieß in München begraben ist, war er alles andere als ein Münchner. Er ist und bleibt ein echter Niederbayer.

Winklhofer fährt fort: »Gerade als da dem Stadelberger, der mit drei andern gestandenen Bauern die tote Wimmerin vom Berg herab zur letzten Ruhe trägt, auf dem abschüssigen, vereisten Sträßlein schon ein Bein wegrutscht und damit eine wahre ›Alexanderschlacht‹ von Verwicklungen ihren Ablauf zu nehmen beginnt, verweilt die Erzählung noch fast eine ganze Seite bei der Schilderung des Hofes des Stadelbergers, seines Ansehens, seiner Persönlichkeit; erst dann rutscht ihm auch der zweite Fuß weg und kann die künstlich gestaute Handlung in ihr stürmisches Tempo übergehen. Zu solcher Technik des Erzählens war Dieß aus sich selber gekommen; seine Erzählkunst war ein Stück seiner behäbig-überlegenen und männlich-gewichtigen Natur; er war damit schon auf die Welt gekommen.«

Der Schilderung der Straße, die Dieß uns gibt, kann man nur mit Wehmut folgen. Wo sind sie hin, die Straßen, die bucklig sind und kiesig, die krumm sind und schmal, die Straßengräben haben und Baumalleen – wo sind sie geblieben?

> Die Rott, ein spielerisches, dunkeläugiges Flüßlein, hat zur rechten Seite ein weitgeschwungenes Tal, das fruchtbar ist wie ein Garten und hinüberreicht bis zum Inn und seinen Steilufern, und zur linken einen Höhenzug, der sie fast den ganzen Weg begleitet. Die Landschaft auf der Höhe, nicht minder fruchtbar wie das Tal, ist ungemein faltig – nicht eine Viertelstunde kann man nach irgendeiner Richtung ebenaus gehen. Das Tal ist besetzt von behäbigen, schweren Dörfern, auf der Höhe sind die Einzelhöfe zu Hause. Eine Landstraße zieht am Fuße der Hügelkette die Rott entlang, eine alte, erfahrene Landstraße, die sich vor Jahrhunderten schon so richtig ihren Platz gewählt hat, daß an ihr nichts herumkorrigiert werden kann und sie ihre Ruhe hat. Sie ist breit genug, daß zweispännige Erntewagen aneinander vorbeifahren können, kräftig genug, daß sie unter einem wichtigtuenden Lastkraftwagen nicht einbricht, und elastisch genug, daß ein Rottaler Wagenpferd, ohne Schaden an seinen Beinen zu nehmen, nach Herzenslust austraben kann. Alte Obstbäume stehen an ihren Rändern, für den Ablauf des Regenwassers hat sie zwei richtige Straßengräben, kurz, man kann an ihr seine Freude haben.
> Auf die Höhe hinauf schickt sie viele Seitensträßlein, die je nach der Aufgabe, die sie zu erfüllen haben, kerzengerade ansteigen oder in Kehren oder den Hügel flach anschneiden. Von allen Arten kann man sie antreffen, natürlicherweise. Eines macht sich unvermerkt in einem Dorfe davon und wird erst auf halbem Hang von unten sichtbar ...
> Wer von dem Dorf auf die Höhe und von der Höhe zum Dorf herab will, der hat keine Wahl, er muß sich des einzigen Sträßleins bedienen und kann das beruhigt tun. Es hat eine feste Decke, und wer sich Zeit läßt, bergauf und bergab, dem fehlt nichts. Zumal wenn es trocken ist. Manchmal ist es anders.
> Vor vierzig Jahren einmal, im November, da war scharfer Frost eingefallen. Dann ist es wieder etwas wärmer geworden, hat auch ge-

regnet, gleich darauf ist ein eisiger Wind gekommen, und unter dem ist die Wimmermutter, die ehrengeachtete Austragsbäuerin Therese Höber vom Wimmerbauern in Wimm auf der Höhe, gestorben ...

Ihr Sohn hat eine große Leiche bestellt, mit Aussegnung vom Haus aus. Am Morgen ist der Leichenkondukt auf dem Hof erschienen, der Pfarrer hat über das wächserne Angesicht der Wimmerin das Kreuz gemacht und den Segen gesprochen, der Sarg ist geschlossen worden, und die Bleß und die Rottalerin, zwei wunderschöne, selbstgezogene Stuten, haben auf einem mit Tannenreisig ausgeschlagenen Brückenwagen die Wimmerin aus dem Hof weggefahren, in dem sie vierzig Jahre gearbeitet und gewerkt hatte. Als der Leichenzug an die Stelle kam, wo das Sträßlein steil abfällt, ist der Sarg vom Wagen gehoben worden, vier Männer haben ihn auf ihre Schultern genommen, um ihn zu Tal zu tragen.

Vorne sind der Aumüller gegangen und der Waizinger, hinten der Stadelberger und der Munzinger, alle vier Bauern aus der Nachbarschaft; der Aumüller und der Munzinger junge Mannsbilder, die beiden andern schon etwas älter, aber bei voller Kraft.

Die Ordnung des Zuges war so: Voraus schritt der Mesner zwischen zwei Ministranten mit dem großen Kreuz, dann folgte der Sarg, dann der Pfarrer und dann das Leichengefolge.

Das Sträßlein, leider Gottes, war an diesem Morgen, wie es bei diesem Wetter nicht gut anders sein konnte, mit einer dünnen Eisschicht bedeckt, über und über, eine richtige Eisbahn.

Der Mesner mit dem Kreuz setzte höchst behutsam Schritt vor Schritt, die Füße einwärts gestellt, den Blick auf den Boden geheftet, was ihm einen erheblichen Vorteil vor den Sargträgern verschaffte, denen die Traglast das Haupt in die Höhe zwang und die sich also allein auf das Tastgefühl ihrer Beine verlassen mußten. Diese Beine mußten auch noch alle im Gleichschritt bleiben – es ist klar, daß der Transport des Sarges auf dem Sträßlein eine gefährliche Unternehmung war. Dessen war sich der Mesner bewußt, der immer langsamer wurde, als ob er den ganzen Zug mit seinem Körper hätte bremsen wollen. Das wußte der Pfarrer, der ängstlich Abstand hielt vom Sarg, und das wußten schließlich alle Leidtragenden, die sich rechts und links am Rande der Straße hielten und unentwegt ihre Aufmerksamkeit auf die acht Beine unter dem Sarg richteten.

Mit Vorsicht und Behutsamkeit ging aber alles gut, bis an der linken Seite hinten der Stadelberger, niemand weiß wie, auf einmal mit einem Bein ins Rutschen kam. Er war der längste von den vier Sargträgern, auch der älteste und schwerste. Nebenbei gesagt: auch der reichste und angesehenste. Er hatte fünfzehn Rosse in seinem Stall, eines herrlicher wie das andere, hundert Tagwerk besten Getreidebodens um den Hof herum, von allem andern abgesehen, war er Reichstagsabgeordneter und hatte eine richtige Bibliothek im Haus, deren Grundstock von seinem Vatersbruder stammte, der Generalvikar des Bischofs von Passau gewesen war ... Es geschah rein der Wimmerin zu Ehren, seiner Nachbarin, daß er heute den Sarg auf die Schultern genommen hatte, es wäre sonst seine Sache nicht gewesen.

Nun, gerade ihm also rutschte ein Bein weg; seinem Bemühen, es wieder aufzusetzen, war der Erfolg versagt. Vielmehr sackte er etwas zusammen und bekam auf diese Weise mehr von der Last des Sarges, als er mit einem Bein im Gleichgewicht halten konnte. So folgte auch dieses dem entwichenen Bruder, und der Stadelberger, Gott sei's geklagt, schlug hin, nach rückwärts, die Beine nach vorne in die Luft gestreckt. Ein solcher Sturz ist schmerzhaft, aber das war jetzt nebensächlich. Der Sarg senkte sich nach rückwärts, zugleich mit dem Stadelberger, der Munzinger neben ihm wollte zugreifen – ganz vergeblich, auch er verlor den Halt. In der Absicht, die Lage zu retten, faßte er noch rasch den Ansatz, mit dem die Bahre auf seiner Schulter lag, mit beiden Händen und stieß sie mit einem kräftigen Ruck in die Höhe, ehe er niedersank. Das hatte zur Folge, daß der Sarg, der unbefestigt auf der Bahre lag, einen Schwung nach vorne erhielt und mit einer Kante dem Aumüller, ehe er wußte, wie ihm geschah, ins Genick fuhr. Die Wimmerin war im Leben eine ganz gewichtige Frau gewesen, und so war es ausgeschlossen, daß der Aumüller dem Angriff, der noch dazu ganz unvermutet und von hinten erfolgte, standhalten konnte. Er gab einen kurzen Laut von sich, der ebenso der Gegenwart wie der nächsten Zukunft galt, verlor ein Bein nach innen und eins nach rückwärts und stürzte zur Seite.

Der Sarg folgte ihm, gleich einem fliehenden Feinde. Der Waizinger gab geistesgegenwärtig nach und ließ die Bahre los. Auf diese Weise wäre er als einziger auf den Beinen geblieben, wenn nicht der Munzinger, der wie ein Schlitten daherkam, sie ihm weggeschlagen hätte. Also mußte auch er sich hart niedersetzen. Dabei traf er als erster den Mesner – auf den dann der Sarg noch eindrang –, der, wie es nicht gut anders sein konnte, auch rückwärts hinschlug, mit ihm das schwere Kreuz, das er nicht aus den Händen ließ und das den Munzinger so sehr am Schädel traf, daß diesem ein lang hingezogener Fluch entfuhr. Das alles ging rasch und ohne Stocken vor sich. Der Pfarrer sah es mit Bestürzung, schon aber saß auch er auf der glatten Bahn, hingerissen vom Waizinger, der ihn am Bein ergriffen hatte, um sich daran festzuhalten.

Die Bahre war verschwunden. Der Sarg, in seinem Schwung und seiner Fahrt vom Nacken des Aumüllers gehemmt, hatte sich quer gedreht, war mit der Breitseite an den stürzenden Mesner und an diesem entlang gefahren und hatte gleichsam als Vorreiter den Weg nach abwärts genommen. Nicht weit freilich, und er taumelte in den Straßengraben, dessen Enge ihn aufhielt. Die abgestürzten Männer glitten im Knäuel hinterdrein. Es ist außerordentlich schwierig, auf abschüssiger Bahn aus der Bodenlage in die Höhe zu kommen, und durchaus nicht einfacher, wenn man es mit mehreren zusammen ausführen soll. Denn da will sich jeder am andern stützen, und was immer einer erreicht zu haben glaubt, wird dadurch, daß ein anderer an ihm sich emporziehen will, wieder zunichte gemacht. Man müßte das Aufstehen in solcher Situation planvoll unter entsprechender Leitung üben, dann würden die Schwierigkeiten schwinden und es könnte sogar ein kraftvolles Bild daraus werden – indessen, wer hätte um jene Zeit an so etwas auch nur gedacht!

Das wild bewegte Gemenge der Männer glitt langsam abwärts und es hatte den Anschein, als ob es vor dem Ende der Straße überhaupt nicht mehr zum Halten zu bringen wäre. Sehr ungebärdig benahm sich der Aumüller; ihn hatte wohl der Stoß des Sarges ins Genick aufgeregt, er war aber auch sonst von ungeduldigem Wesen. Seltsam ging es mit dem Pfarrer zu. Seit er am Boden lag, war jede geistliche Würde von ihm gewichen, er lag und rutschte und kugelte als Mann unter Männern, seine Griffe, seine Bewegungen und seine Äußerungen waren ungehemmt, kräftig und ganz der Lage angepaßt. Seinen Pfarrkindern ist er damals menschlich so nahe gekommen wie nie zuvor oder nachher.

Die Leidtragenden, die im ersten Schrecken Gefahr gelaufen waren, selbst hinzuschlagen, weil solche Stürze anstecken wie das Gähnen, hatten zunächst untätig sich der Verwunderung über die Gewalt dieser Erscheinung hingegeben, dann aber war der Wimmerbauer darangegangen, seine Mutter zu retten. Den fliehenden Sarg mit den Augen festhaltend, stieg er mutig in den unruhigen Hauf hinein und lag im nächsten Augenblick mitten drin. Dem einen oder andern, der helfen wollte, ging es nicht anders. Das schreckte ab, und der Leichenzug blieb nun wie erstarrt auf einem Fleck stehen.

Der Stadelberger war bei der Schlittenfahrt unversehens nach vorne geraten, bei einer Umdrehung sah er den Sarg vor sich im Graben, und voll Besonnenheit steuerte er mit den Füßen sogleich darauf zu. Es gelang ihm, er bekam etwas Halt und konnte sich auch behaupten, als der Waizinger und der Mesner ihn mit strampelnden Stiefeln bedrängten. Er umklammerte den Sarg und ward auf diese Weise der Anker, an dem das strudelnde Männerwrack allmählich zum Stillstand kam.

Langsam richteten sich die Gefallenen wieder empor, zuletzt der Stadelberger. Ernsthaften Schaden hatte keiner genommen, sie sahen nur alle etwas zerzaust aus. Die Chorröcke des Pfarrers und des Mesners waren sehr in Unordnung, ja bei näherem Zusehen zeigten sie sich erheblich zerrissen. Das Barett des Pfarrers war zerstampft und nicht mehr zu gebrauchen. Dagegen konnten die Kopfbedeckungen der übrigen Beteiligten ziemlich unversehrt beigebracht werden.

Es dauerte eine Weile, bis jeder über seinen Zustand ins reine gekommen war. Die Aufmerksamkeit zog dann zunächst der Waizinger auf sich, der ein Gespräch mit dem Mesner begonnen hatte. Er behauptete, dieser – nebenbei bemerkt ein Störschneider in mittleren Jahren, Vater vieler Kinder – sei ein ganz geschert Lackl und das hätte es niemals gebraucht, daß er ihm das Kreuz an den Schädel geschlagen hätte. Wenn es nach Rechten ginge, müßte er ihm auf der Stelle einen Anstand beibringen und ihn richtig herschlagen, und er hätte gute Lust dazu.

Es war klar, daß der Waizinger recht schmerzhaft getroffen worden war und dadurch zu ungerechten Vorwürfen neigte. Der Mesner war noch ganz benommen, seine Knie waren zittrig, und er wußte zu seinem Glück dem zornigen Waizinger nicht zu antworten. Daß man sich endlich auch des Sarges wieder erinnerte, lenkte den Waizinger ab und beruhigte sein aufgestörtes Gemüt.

Der Sarg lag unbeschädigt im Straßengraben und wartete geduldig. Man hob ihn auf die Straße und führte ihn auf der Bahre wie auf einem Handschlitten sorgsam abwärts.

Nach all den Stürzen und Leibesverrenkungen hatte sich der Zug wieder geordnet. Die Kirchenglocken begannen zu läuten, da man in der Nähe des Friedhofs angekommen war.

Unten an der Straße und beim Eingang zum Friedhof standen Frauen in Trauertracht, das mit einem Rosenkranz umschlungene Gebetbuch in den Händen, bereit, sich dem Zug anzuschließen. Nun hoben die vier Bauern den Sarg wieder auf ihre Schultern und trugen ihn bis zu der frischen Grube im Friedhof ...

Der Stadelberger und der Waizinger gingen zusammen nach Hause. Es hatte zu schneien begonnen, frühe Dämmerung war im Anzug. Die beiden Männer schritten langsam und ungefährdet das Sträßlein hinan, sie unterhielten sich über ihre Fohlen. Als sie an die Stelle des Sturzes kamen, schüttelte der Stadelberger, einen Augenblick verhaltend, stumm den Kopf. Der Waizinger sagte: »Du kannst dir nicht denken, wie mir der Lackl das Kreuz naufghaut hat.« Er sagte es in heißem Groll und er hat diesen Groll lange in seinem Herzen getragen.

Der Straße aber hat niemand die Sache nachgetragen. Man hat sie unangetastet gelassen bis heute.

In seinem Nachruf auf Dieß meinte Alois Winklhofer: »Dieß, dessen äußeres Leben gar nicht unter literarischem Vorzeichen zu stehen schien, gehört in die Reihe der echten Dichter; wo er hinklopft, fängt es zu tönen an und klingt es von ewigen Dingen. Er ist ein Zeugnis dafür, wie großartig Heimatdichtung sein kann, aber auch dafür, wie in der Literatur immer noch Raum für neue Anfänge und das Ursprüngliche ist, auch ohne das Programm einer literarischen Revolution.«

Die Tradition des alljährlichen Adventsingens in der Bogenhauser Sankt Georgskirche wurde von Wilhelm Dieß begründet, als er Präsident des Bayerischen Landesvereins für Heimatpflege war. Noch Jahre nach seinem Tod singen, als Ausklang der feierlichen Stunde, die Waakirchner an seinem Grab einen Jodler. Sie tragen damit gleichsam eine Dankesschuld ab.

Welt am Donaustrom

Georg Britting
(1891 – 1964)

»Ein künftiger Biograph wird große Mühe haben«, schrieb einmal Curt Hohoff, »denn Britting lag nichts an einer Legende; im Gegenteil war er bestrebt, möglichst viele Spuren der persönlichen Existenz zu löschen. Er hat nicht nur Bücher und Zeitschriften, nachdem er sie gelesen hatte, in den Fluß geworfen, sondern auch Briefe, Fotos und Manuskripte.«

Klagte nicht auch Karl Dachs, der 1967, drei Jahre nach des Dichters Tod, eine Ausstellung der Bayerischen Staatsbibliothek vorbereitete und auf die magere Dokumentation des Katalogs angesprochen wurde: »Dieser Katalog ist wie eine taube Nuß; ich weiß. Aber es gibt nichts, es gibt nichts! Bilder, Briefe, Texte, Manuskripte sind, wenn man auf sie überhaupt stößt, seltenste Trouvaillen.«

Dennoch gelang es dem Dichter ungewollt, seine Erscheinung zu einer Legende zu machen. Er wurde erst recht, was er zu vertuschen suchte: Ein Barde, allein mit sich und seinem Gesang! Ein Dichter von unüblich gewordener Entrücktheit, bescheiden in der Lebensführung, von unwandelbarer stabilitas loci, keine Zugeständnisse machend, weder an das Publikum noch an den Zeitgeist. Ein Dichter, der das Ausbleiben des Echos in Kauf nahm, mit Staunen und Stolz, ein wahrhaft »Verhüllter«. Er schrieb nur das, was er zu sagen hatte:

> Grün ist überall. Grün branden die Felder.
> Nur die Straße ist ein weißer Strich
> Quer durchs Grün. Aber herrlich,
> Herrlich grün lodern die Wälder.
>
> Die Lerche sirrt. Der Himmel ist blau.
> Sonst überall ist nur Grün.
> Ein kochendes Grün, ein erzgrünes Glühn –
> Flirrend darin eine Bauernfrau.
> Mit weißem Kopftuch, und ihr rotes Gesicht
> Trieft flammend vom unendlichen Licht.

»Grüne Donauebene« – so nennt Britting dieses Gedicht, in dem die Farben wie von Malerhand gesetzt erscheinen. Der Dichter ist an der Donau geboren:

Ich wurde am 17. Februar 1891 auf einer Donauinsel in Regensburg als Sohn eines städtischen technischen Beamten geboren. Von Schulsorgen abgesehen, verbrachte ich eine glückliche Jugend an den Ufern des geliebten Stroms. Von der Hochschule weg ging ich als Freiwilliger ins Feld, lag, die längere Zeit als Offizier, fast vier Jahre im Schützengraben, bis ich 1918 schwer verwundet in die Heimat zurückkam. Seit 1920 lebe ich als Schriftsteller in München.

Das ist karg. Ein Lebenslauf. Tiefer taucht Britting in die Welt seiner Erinnerung hinab, wenn er seine Geschichten erzählt. In der Regel ist immer von seiner Kindheit in ihnen die Rede. Überhaupt hat kein bayerischer Dichter außer ihm und Carossa die Herkunft so wesentlich und lebendig in seine Dichtung einbezogen. In Brittings Fall ist es die Oberpfalz:

Der Regen ist ein schwarzes, langsam strömendes Wasser, von sanftschwermütiger Art. Die ganze Oberpfalz hat etwas von dieser dunklen Schönheit. Burgruinen und Klöster sieht man, auf den grünen Wiesen grasen die weißen Gänse.

Immer redet Britting von seiner Urheimat – aus der Großvater und Mutter stammen – in einer lyrisch pulsenden Prosa, erzählt von traurigen Föhrenforsten, von dornigen Brombeerschlägen, von kreisenden Bussarden über schwarzen Waldtälern. Am bezwingendsten tut er es in der Erzählung »Das Baderhaus«:

Mein Großvater wurde im Jahre 1813 geboren – das ist nun schon so lange her; ein ganzes Jahrhundert und fast noch ein halbes dazu, aber ich habe ihn noch gekannt. Sein Geburtsort ist ein großes Dorf im Bayerischen Wald. Als er geboren wurde, fürchtete man dort noch die Wölfe, die von Böhmen herüberkamen in den kalten Winternächten und hungrig heulten. Der Kienspan brannte in der Stube, darin er den ersten Laut von sich gab. Sein Vater war Bader, wie es dessen Vater und Großvater auch gewesen, und das Baderhaus hieß darum das Haus, in dem er um Mitternacht auf die Welt kam, um auch Bader zu werden. Eines unterschied ihn von seinen baderischen Ahnen: die starben alle auch in dem Haus, er nicht. Ich habe das Baderhaus, das auch meiner Mutter Geburtshaus ist, später aufgesucht, zweimal, in zwei Jahren hintereinander: da war ich vierzehn Jahre alt, und fünfzehn dann. Es ist eins der größten Häuser des Orts, am Marktplatz gelegen, neben der Kirche, mit einer großen weißgekalkten Diele, weiträumig die Stuben, mit viel Licht. Der mächtige Zwiebelturm der Kirche ist schwarz geschindelt. Als ich dort war, ein Jahrfünft nach der Jahrhundertwende, da war schon eine ganz andere Zeit, niemand dachte mehr an Wölfe. Aber Schwarzbeeren gab es in den Wäldern und Pilze. Man sammelte nur die Steinpilze, und davon wieder nur die besten, die jungen, mit den harten, dicken Köpfen. Heute sammelt man jede Art von Pilzen, Rotkappen und Pfifferlinge, und alles eben, was eßbar ist – früher nur, was gut ist. Im Baderhaus war jetzt ein Kramer, der Geißelschnüre verkaufte und Zucker, vom Zuckerhut mit einem Holzhammer heruntergeschlagen, und Pfeffer – das Geschlecht der Bader war ausgestorben, aber den Namen hatte das Haus behalten. Ich war mit dem Rad gekommen, von der Donau herauf, in vierstündiger Fahrt. Die Straßen waren gut und glatt, das machte der harte Untergrund, der Granit. Sie waren mit feinem weißen Staub bedeckt. In der Morgenfrühe, als der Tau den Staub noch näßte, blieb eine Radspur zurück, flacherhaben geprägt, wie Inschriften auf einer Münze. Einmal, als ich rastete, unterhielt ich mich mit einem Wegmacher. Er war ein schon weißhaariger Mann in bäuerlicher Arbeitskleidung, mit einer blauen Leinenschürze darüber. Als Wahrzeichen seines Berufes trug er um seinen Hut ein Messingband, in dem das Wort »Wegmacher« ausgezackt war. Er kam mir weise und gütig vor. Manchmal glaubt man voll Schrecken, solche Leute gäbe es heut nicht mehr. Er war bartlos, mit tief eingegrabenen Falten im Gesicht, und sprach von seiner Straße, sie lobend, wie ein Pferdeknecht von seinem Pferd spricht, das er zu pflegen hat und das er liebt. Ich fuhr dann weiter. Wald war rechts und Wald war links, wie seit Stunden schon, immer Wald, schwarz, Tannen und Fichten, unterbrochen nur von Schlägen. Die waren von wildem Strauchwerk besiedelt, das in der Sonne glühte: es war Sommer und ich fuhr in die Ferien.

Vor den »festen, schwarzen Rücken der Vorberge des Bayerischen Waldes« erheben sich die Türme Regensburgs, der stolzen alten Hauptstadt Bayerns. Es ist Brittings Geburtsstadt – wo er im Haus Manggasse 3 auf die Welt kam –, die Stadt seiner Kindheit. Um sie kreisen viele, die meisten seiner Erzählungen, jene unvergleichliche etwa, »Sturz in die Wolfsschlucht« (1937), in der von der rettenden Bewahrung durch breite Soldatenschultern die Rede ist, auf denen der aus luftiger Höhe kopfüber stürzende Knabe mit seinen Händen zu stehen kommt, oder jene vom sträflichen Fischfrevel an der Donau oder jene (er nennt sie »die lästerliche Tat«) von Knabenspielen auf dem Domplatz. In ihrem Tun mischt sich die Unbeschwertheit der Jugend mit der Schwermut des Alters.

> In der Stadt an der Donau steht ein großer gotischer Dom, mit zwei Türmen, grauen Steintürmen, von den Domdohlen umlärmt. Im Juli, im August, an heißen Tagen, wenn der Himmel wolkenlos blau ist, und das war er oft, damals in meiner Knabenzeit, so scheints mir heut, so war er im Sommer fast immer, gabs nichts Hitzigeres als den Domplatz. Von den Pflastersteinen stieg kochende, graue Luft empor, und der Dom mit seinen beiden Türmen blendete so sehr, daß man zu den Dohlen, die oben die Kreuzblumen mit Geschrei umflogen, nicht hinaufzuschauen wagte, weil es den Augen zu wehe tat. Man brauchte auch nicht hinaufzuschauen, die Dohlen waren da, man hörte ihre unruhigen Rufe. Wir saßen auf den Steinstufen des Doms, die brannten uns fast Löcher in die Hosen, und wenn uns die Hitze zu arg wurde, flüchteten wir ins dunkle Dominnere, da war es kalt, zum Schaudern, die dunkelbraunen, fast schwarzen Holzbänke glänzten matt, durch die farbigen Fenster fiel buntes Licht, es war fast unheimlich, und da gingen wir schnell wieder auf den sonnenklirrenden Platz hinaus.

Im Jahresbericht über die königliche Kreis-Oberrealschule zu Regensburg für das Schuljahr 1908/1909 ist *Joseph* Britting als Schüler der 6. Klasse aufgeführt. Brittings Taufnamen waren Joseph und Georg. Bis in die Zwanziger Jahre unterzeichnete er Briefe mit »Sepp« und »Seppl«. Später nannte er sich nur noch Georg.

Im Ersten Weltkrieg steht Britting dann als Leutnant an der Westfront. In der Liller Kriegszeitung erscheinen bereits 1917 frühe Gedichte Brittings. Schwerverwundet kehrt er heim.

Und nun ein kantiger dichterischer Anfang in den Jahren des Expressionismus! Vergleiche bieten sich an mit Wedekinds Bänkelliedern, mit Valentins unsinnigen Tiefsinnigkeiten, mit Brechts »Baal«. Britting gibt ab Juli 1919 mit dem Maler Josef Achmann »Die Sichel« heraus, eine »Monatsschrift für neue Dichtung und Grafik«; Britting übernimmt den literarischen Teil, Achmann den grafischen. Bedeutende Namen begegnen uns hier zum ersten

Mal: Theodor Däubler, Anton und Friedrich Schnack, Hans Heinz Stuckenschmidt, Oskar Maria Graf. Redaktionsstube und Wohnung am Königshof sind gemeinsam. Britting und Achmann sitzen auf einer Fotographie aus dem Jahr 1920 am bescheidenen Frühstückstisch, über dem von den Wänden expressionistische, an die Freundschaft mit Marc erinnernde Gemälde Achmanns leuchten. Beide, trotz ihrer bestimmt nicht allzu rosigen Finanzverhältnisse, in tadellos gepflegten Anzügen; Achmann hat sich sogar zu einem Einstecktuch aufgeschwungen. Das einzig »Revolutionäre« sind ihre kurz geschorenen Schädel. Die für den literarischen und graphischen Expressionismus bahnbrechende Zeitschrift existiert nur drei Jahre: 1919–1921. Als die Redaktion am 10. Januar 1922 im Münchner Steinickesaal an der Adelbertstraße 15 einen ersten Autorenabend gibt, hat die »Sichel« ihren Geist schon ausgehaucht. Auf dem Plakat lesen wir: »Magda Lena-Achmann liest Georg Britting, unter anderem aus dem Novellenbuch Der verlachte Hiob.«

Magda Lena (Künstlername), geborene von Perfall, Bayerische Staatsschauspielerin, war seit wenigen Tagen die Gattin Josef Achmanns. Für sie schrieb der 1920 nach München übergesiedelte Britting die Komödie »Die Stubenfliege«, die 1923 im Münchner Residenztheater uraufgeführt wurde.

Auch in der Komödie »Das Storchennest« (1922) und in Einaktern wie »Der Mann im Mond« (1920) oder »Das Herz« (1923) gehört er noch zum literarischen Expressionismus, kann den Einfluß Wedekinds nicht verleugnen.

In der Nähe des jungen Britting sehen wir auch den Maler Max Unold. Er hat ihn, wie der Freund Achmann, porträtiert, nachdenklich-düster, wieder mit kurzgeschorenem Haar, die Nickelbrille auf der Nase. Den Malerfreunden verdankt Britting seine Aufgeschlossenheit für die Welt der Farben, so auch für das Werk des großen Regensburgers Albrecht Altdorfer, des Meisters der Donauschule und der Donaulandschaft.

Heimat an der Donau und doch kein Heimatdichter! Gegen diese hartnäckig bayerischer Literatur aufgenötigte Einordnung hat er sich nachdrücklich zur Wehr gesetzt. Gewiß, er hat Bayern, das alte Leben Bayerns und vor allem Regensburg in die Literatur eingebracht wie neben ihm kein anderer Dichter. Was er über Regensburg sagt, läßt sich nur mit Carossas Lobgesang auf Landshut vergleichen. Er war bayerischer Herkunft, aber er wollte immer ein deutscher Dichter sein, genauso wie Grillparzer, Stifter und Keller. Und wenn er das Bild der nächtlichen Stadt gibt, etwa in der 1925 entstandenen Skizze »Donaustadt Regensburg«, so tut er es mit dem Pathos des revolutionären Expressionismus eines frühen Billinger, eines Brecht, eines Ernst Toller oder Georg Kaiser:

> Und natürlich gibt es den Mond überall, in allen Erdteilen, in Afrika und in Asien, in den Städten der weitesten Welt, aber ist er je so riesig und rot aufgegangen wie in Regensburg? Der Sommertag ist noch nicht ganz vorbei, noch ist das Silbergrau der Dämmerung in der Luft, und im Westen, wo die Sonne hinabging, rotbrüllend, ist noch ein tiefes Grün. Da glüht es hinter dem Scheuchenberg auf, das Rot nimmt zu, es flammt, eine mächtige, blutorangenrote Kugel rollt herauf, der Mond. Du fürchtest dich und klammerst dich am Steingeländer der Brücke fest, und spreizest die Beine, um fest zu stehen, und wagst es, die Feuerkugel zu betrachten. Aber es ist keine Kugel, siehst du beim längeren Beobachten, es ist eine Scheibe, eine Scheibe aus einer Blutorange herausgeschnitten, gelbrot, gelbfeuerrot, von einem kriegerischen Glanz. Aber dann wird das Rot gedämpfter, es verblaßt, und die Scheibe steigt höher und wird nun gelb, und wie sie gelb wird, wird sie kleiner und Sterne stehen um sie herum und das bläuliche Mondlicht fließt über die Donau, über die Stadt, über die Brücke. Von unten rauscht der Strom herauf. Grün sieht er aus, und wo er sich an den Pfeilern bricht, schäumt er weiß, und je höher der Mond steigt, um so stiller wird's, und um so lauter redet die Donau. Die Stadt steht kohlschwarz im Licht, mit so scharfen Konturen, so überscharfen, rasiermesserschneidigen, daß man denkt, die Katze, die über den Dachfirst rennt, könnte von der Schärfe der Dachlinie zerschnitten werden und geteilt, halbiert, aufs Pflaster schmettern. Um Mitternacht fangen die vielen Uhren in den vielen Türmen die Zeit zu schlagen an, in dumpfen und groben Schlägen, in schnellen und hellen, in Baß und Sopran. Und die Katze sitzt unzerschnitten auf dem Dach, schwarz gegen den mondblauen Himmel, und horcht auf das Uhrenschlagen und krümmt den Katzenrücken und ringelt

den Katzenschwanz. Und der Mensch auf der Brücke klatscht in die Hände. Noch verwegener buckelt die Katze, läuft wie ein Seiltänzer den Dachfirst entlang und verschwindet schwarz in einer schwarzen Dachluke. Unbeweglich und gelb sieht's der Mond.

Wenn Brittings Erinnerung in die Zeit seiner Kindheit zurückschweift, wie wir es von den Zeitgenossen Carossa, Wiechert, Ina Seidel und Eugen Roth kennen, bezieht er sich noch weniger als diese auf die geschichtlichen Kräfte seiner Geburtsstadt, er dringt – wie der Oberpfälzer Dichterfreund Gottfried Kölwel und der Passauer Heinrich Lautensack, von denen Anregungen auf ihn ausgehen – zu einem älteren tieferen Lebensgrund vor, schreibt von Fluß und Landschaft, kündet wie Billinger, der frühe Waggerl und Kölwel (in seinem ›Franz Sebas‹) vom Strom, von der Uferlandschaft, von einer geheimnisvollen Fischwelt und von antikischen Hirtengestalten: Heidnische Zeit – Hamsunzeit – Panzeit – Baalzeit! Unschwer fiel das, als die bäuerlichen Züge zum Bild einer Stadt gehörten:

Nun war damals jeden Mittwoch in der Wahlenstraße Spanferkelmarkt. Da kamen die Bauern und Bäuerinnen aus der Umgebung und brachten in Körben die quiekenden Tiere. Die waren meist rosafarben und wunderlieblich behaart, manche auch waren schwarz, und besonders schön ist es, wenn ein Ferkel um die Schultern herzförmig schwarz ist, während das Hinterteil bis zur Schwanzmitte gelbweiß-beflaumt schimmert und die Schwanzspitze lustig und unerwartet wieder teufelsmäßig dunkel sich ringelt. Die Käufer packten das Tier bei einem Fuß und hoben es hoch, daß es laut aufschrie und den prallen, runden Leib hin und her warf, und mindestens fünfzehn hob man auf und beschaute sie, bis man sich zum Kauf von einem entschloß, so daß es an den Markttagen ziemlich laut herging in der Wahlenstraße. Es roch auch ganz besonders in der Straße und auch noch in den Nebenstraßen an diesen Mittwochvormittagen, gut eigentlich, so nach Stall und Stroh, und recht gesund. Und damals, fuhr mein Onkel fort, als natürlich noch keine Straßenbahn durch die Stadt mit grellen Glocken läutete, nur Bauernschlitten an Wintertagen durchs Jakobstor klingelten, damals traf man oft Buben und Dienstmädchen, auch wohl den Hausvater selber, wie sie, vom Bäcker kommend, schmale Bretter auf den Schultern trugen. Die waren von der Backofenhitze angeröstet, hatten schwärzliche Rillen davon, und auf die Bretter waren genagelt die braunen Ferkel. Sie lagen auf dem Bauch, hatten wie spielend alle Viere von sich gestreckt, und, den schmalen, listigen lustigen Kopf dicht auf das Holz geduckt, schwebten sie hochgetragen, strahlend dahin. Sieht man das heute noch? murrte mein Onkel.

Diese Erzählung hat Britting »Eine Geschichte aus der guten alten Zeit« genannt. Ein andermal vergleicht er bewußt mit einer viel ärmeren Gegenwart und schreibt es trotzig hin: »Das war damals, ... als es noch schöner war, zu leben.« In der Erzählung »Sturz in die Wolfsschlucht« erinnert er sich an das Bier von einst – aus dem kühlen Felsenkeller vor der Stadt – »süßes, dickes, braunes Bier, damals vor dem Krieg, als das bittere Helle, das dann von Norden her vordrang, noch wenig Liebhaber hatte bei uns. Heut ist das anders«.

Britting nennt die ländlichen Gasthäuser und Kegelbahnen, die bunten Bauerngärten und apfelschweren Bäume, die Kapellen und Feldkreuze, die Schnitter und Ackerrösser kurz und bündig: »Das alte Leben.«

> Noch gibt es Mägde,
> Die das Kopftuch tragen, und die
> Silberne Kette am Mieder
> Am Sonntag,
> Und die Knechte glänzen vorm Tor
> In weißen Hemden.
> Noch schneidet die Sense
> Und der Dreschflegel tobt auf der Tenne,
> Die Henne
> Gackert eitel im Scheunenstroh –
> Der Bäuerin ist es Gesang!
>
> Aber die Dorfstraße her
> Klirrt schon die Mähmaschine,
> Und der spinnenbeinige Garbenwender –
> Den Kindern ein Wunder!

Das alte Leben
Geht in die schwarzen Täler hinein.
Die Sichel blitzt dort
Am Stiegengeländer, neben dem Wetzstein,
Und die Sonne brütet den süßen
Schnaps aus den Nüssen,
Vorm Fenster glüht er im Glas.
Die Verliebten auch,
Hungrig nach Küssen,
Flüstern die alte Frage,
Am Abend,
Im Brennesselgarten,
Die gern gehörte.
Der unverstörte
Kalender
Zählt dort vor sich hin.

Eberhard Dünninger schrieb über Britting: »Solche Erinnerungen sind jedoch nicht Züge einer sentimentalen Stimmung, sondern ein Teil des alten Lebensgefühls, das lebendig war, solange das feste Gefüge der Beziehungen zwischen Stadt und Land noch nicht erschüttert wurde, eine ältere Lebens- und Sozialordnung überall noch galt.« Darum gerät Britting auch die Einbeziehung des geistlichen Standes in die alte Welt gänzlich untendenziös; er sucht in seinem Essay »Regensburg« (1967) nicht den billigen Erfolg bei einer säkularisierten Öffentlichkeit:

Zu Fuß auf zwei rüstigen Beinen durch ein steinernes Tor, durch einen gepflasterten Wirtshausgarten in eine kleine, braune, dunkle Trinkstube mit nur wenigen Tischen. Da ist's kühl und braundämmernd, und an der Wand hängt ein Kruzifix. An einem der Tische, hocken da nicht im schwarzen Kleid die Domdohlen? Auf dem Tisch steht ein kleines Schild und auf dem kleinen Schild steht mit schwarzen Buchstaben geschrieben: Nur für die Herren Geistlichen. Rund um den Tisch sitzen sie, die schwarzen Röcke glänzen, hagere Gesichter, kluge Gesichter, kämpferische Gesichter und milde. Das ist die Pfarrerstube im Wirtshaus »Zum Bischofshof«, und die Brauerei und die Wirtschaft unterstehen dem Bischof von Regensburg, und die Pfarrervögel fliegen ein und aus, und wenn ein Prälat eintritt, erheben sie sich, die Rockschöße wehen, und dann sitzen alle beruhigt wieder an der länglichen Tafel, an der das Gespräch geht, ruhig, heiter, und mit der Miene von Leuten, die eine Sicherheit, eine Gewißheit, eine Bürgschaft in Händen halten wie einen schweren goldenen Krug und ihn zu heben wissen mit Anstand, und ihn seit hundert Jahren und hundert Tagen halten und weitergeben, und fallen läßt ihn keiner. Und gehst du aus der Trinkstube und machst sieben Schritte auf dem Pflasterhof, wo Kastanienbäume stehen mit roten Juniblütenkerzen, und du siehst zu den Kerzen hinauf, und siehst höher in den Abendhimmel, so ragen rosig beleuchtet wieder zwei Riesenkerzen, zwei Domtürme, denn du kannst nirgends hingehen in Regensburg, wo du den Dom nicht sähst!

Brittings Meisterwerk ist der 1932 bei Langen/Müller erschienene Roman: »Lebenslauf eines dicken Mannes, der Hamlet hieß«, eine recht eigenwillige Abwandlung des Hamletstoffes, die seinem Dichter schon in den dreißiger Jahren einen unangefochtenen Platz in der deutschen Literatur sicherte. In der Zeitschrift »Die Neue Literatur«, Jahrgang 33 (1932) schrieb Günther Herzfeld: »... sein Hamlet ist ehestens nichts weiter, aber auch nichts Geringeres als ein lyrisches Gedicht, bei epischer Außenform von ungeheuerster Intensität erlebten Details, ›gedichtet‹ im eigentlichen Wortsinn und dadurch heutzutage allerdings auch ein stark abwegiges Werk – man weiß nicht, ob von größerer Kühnheit oder von größerer Naivität der Mittel – ein Werk, das man jedoch vielleicht sehr bald als einen Markstein in der Geschichte des Romans empfinden und zählen wird, im Sinne einer Rückkehr zur absoluten Poesie ...«

Und Bernt von Heiseler sagt es in der Zeitschrift »Der Bücherwurm«, Jahrgang 22 (1936/37) so: »Kinder spielen mit Bäumen und Steinen, stellen auf einem Tisch seltsame Wälder, Brunnen und Bänke zusammen – und nun betreten die Gestalten der Einbildung die für sie vorbereitete Landschaft, sichtbar nur dem liebevollen und erlebenden Auge. Wenn es wahr ist, daß das spielerische und schöpferische Tun der Kinder in dem Tun der Dichter weiterlebt, dann ist Georg Brittings Roman ‚Lebenslauf eines dicken Mannes, der Hamlet hieß' auf jene selbe, kindliche, ewige Weise entstanden, emporgewachsen aus der hellsichtigen Schau eines Gartens, eines Schlosses, eines Landes, das freilich kein geographisch bestimmbares Gebiet ist ...«

Ist Britting ein Naturdichter? Ist er ein expressionistischer Dichter? Ist er ein bayerisch-barocker Autor? Man irrt nicht, wenn man davon ausgeht, daß die Gedichte und Prosatexte dieses Meisters vom bairischen Sprachbarock ebenso geprägt sind wie von antiken Formen, daß er farbige Naturbilder gibt und uns mit unerwarteten dramatischen Wendungen überrascht.

Zum Donaustrom gehört die Fischwelt, die bläulich glänzende, mythische; sie begleitet ihn seit frühesten Kindheitserfahrungen und wird Leitmotiv seines Werks. In seiner Erzählung »Donaufischer und Mädchenhändler« (1937) weist er uns den Weg durch eine verwirrend vielgestaltige Fischwelt:

> Jeden Freitag, an dem Fleisch zu essen verboten ist, und damals nahm man es strenger als heute, hielt man in unserer guten, frommen Stadt Fischmarkt ab. Auf dem Platz, wo der Markt stattfand, in der Nähe der alten Brücke, unweit floß die Donau, die nicht zu sehen war, aber ihre Kühle herschickte, auf dem brunnenüberragten Platz waren in den Boden eingelassen sargähnliche Steine, gewaltige Steinbänke, auf denen standen die Bottiche der Fischhändler, und in den Bottichen schwänzelten und schlugen und schnappten sie: blitzende Weißfische, schwärzliche Barben mit dicken Köpfen, goldgrüne Bürstlinge mit gesträubter, stachliger Rückenflosse, breitgedrückte Brachsen, langnasige Hechte und dumme, dicke Glotzkarpfen. Da drängten sich die Hausfrauen und Dienstmädchen, mit Taschen und Netzen, und schoben sich und wanderten von Steinbank zu Steinbank, und besahen, was es gab, und nörgelten, mit kennerischen Mienen, und fanden den einen Fisch zu klein und den andern zu grätig, und zufrieden waren sie nie. Es wurde nicht nach Gewicht gekauft, die Fische wurden nach der Größe abgeschätzt, und wenn man sich nach langem Feilschen auf einen Preis endlich geeinigt hatte, fuhr der Verkäufer ins Nasse, packte den armen Geschuppten und schlug ihm den Kopf krachend gegen den Rand des Bottichs. »Abschlagen« hießen sie sachlich diesen Mord, der hundertfach an einem solchen Morgen begangen wurde, und wie Hammerschläge dröhnte es immer wieder auf, herzlos schallender Ton, und stumm starben die Fische, wie sie stumm gelebt hatten.

Die Begegnung mit einem Fisch kann sich bei Britting zu magischer Bedeutung steigern wie in der Erzählung vom Fischfrevel an der Donau, die hart und grausam ist, grausam wie die anderen Geschichten, vom »Gespann des Vetters«, vom »Duell der Pferde« oder vom »Törichten Knecht«. Aber immer wieder kommt Britting auf die Welt seiner Donaufische zurück. Die Straßen Regensburgs wandeln sich ihm sogar zu »springenden Fischen, silbrigen, aus dem Nassen geholt und aufs Trockene geworfen, und nun zucken und winden sie sich, und das Pflaster, die vielen, weißen, runden, kleinen Pflastersteine, sind die Schuppen, die glänzen und gleißen, und die Fische zappeln wie aus einem Korb geschüttelt, über- und unter- und durcheinander«. Das Bild des Regensburger Fischmarktes läßt ihn nicht los. Es versinkt im Unterbewußten und steigt wieder auf als Gedicht:

>Silbern glänzen die Fische,
>Schwarzgrün dazwischen ein Aal,
>Glänzen und haben alle
>Ein wenig Blut vor dem Maul.
>
>Der Markt lobt schallend die nasse
>Ware, die schweigend liegt:
>Das Raubzeug, wüst und gestachelt,
>Süß an die Sanftmut geschmiegt.
>
>Schuppen sind wie Sterne
>Auf die Tische gepappt,
>Das erfahrene Messer ruht
>Schaudernd aufgeklappt.
>
>Das Fischweib beredet die zaudernde
>Kundschaft zu hurtiger Wahl:
>Die Barben sind gut, doch besser
>Der Bürstling, und der da, der Aal!
>
>Des Hechtes nicht zu vergessen –
>Mit Lorbeer belaubt das schreckliche Haupt,
>Mit duftenden Kräutern im zarten Sud,
>Ein gräflich, ein fürstliches Mahl!
>Und wer da sparen zu müssen glaubt:
>Rotaugen sind da in genügender Zahl!

> Das Fischweib schwätzt so, die Fische
> warten stumm, wer sie holt.
> Das Blut vor ihrem Maule
> Glänzt wie Purpur und Gold.

Welt am Donaustrom – besser zu sagen wäre: Welt *im* Donaustrom, denn auf einer Donauinsel war er ja geboren, und um ihn war die Welt des Stromes, der dunklen Zuflüsse – die General Alexander von Maffei mit seiner Kavallerie einst bewachte –, der stillgelegten Stauungen, der dampfenden Sümpfe, der moderigen Altwässer: finstere Schilfwelt Alfred Kubins, des Zeitgenossen, den Britting zeitlebens besonders geschätzt hat.

> Das sind grünschwarze Tümpel, von Weiden überhangen, von Wasserjungfern übersurrt, das heißt: wie Tümpel und kleine Weiher, und auch große Weiher, ist es anzusehen, und es ist doch nur Donauwasser, durch Steindämme abgesondert vom großen, grünen Strom, Altwasser, wie man es nennt. Fische gibt es im Altwasser, viele, Fischkönig ist der Bürstling, ein Raubtier mit zackiger, kratzender Rückenflosse, mit bösen Augen, einem gefräßigen Maul, grünschwarz schillernd wie das Wasser, darin er jagt. Und wie heiß es hier im Sommer ist! Die Weiden schlucken den Wind, der draußen über dem Strom immer geht. Und aus dem Schlamm steigt ein Geruch wie Fäulnis und Kot und Tod. Kein besserer Ort ist zu finden für Knabenspiele als dieses gründämmernde Gebiet.

Aber es gab nicht nur Stickiges und Fauliges, es gab die Kraft und die Ruhe, die wilden Strudel und das breite Geschiebe, es gab den Strom:

> Der große Strom kam breit geflossen
> Wie ein großer, silberner Fisch. Wälder warn seine Flossen,
> Mit dem hellen Schwanz hat er am Himmel angestoßen.
>
> So schwamm er schnaubend in die Ebene hinein.
> Licht wogte um ihn, dunstiger Schein.
> Dann war nur mehr er, nur mehr er, der silberne, nur mehr er allein.

Seit 1920 dann München, wir wissen es von Brittings Kurz-Lebenslauf, Hauptstadt der Kurfürsten und Könige, der Theater und Residenzen, der Verlage und Zeitungen. Aber er bringt Regensburg nach München, die Donau an die Isar mit. Sein Themenkreis ist abgesteckt, seine Stoffe kreisen ums alte Ich. Und auch in den Jahren des Nationalsozialismus, die einen Dichter forderten oder vertrieben, ist er Dichter geblieben, hat sich für politische Zwecke nicht vereinnahmen lassen. Der Mann, der da in den Jahren zwischen 1935 und 1951 in einer Dachstube des Hauses Holbeinstraße 5 hauste, war weder Widerstandskämpfer noch Emigrant, blieb aber Individualist und Anarchist, blieb einsam und unangepaßt.

»Georg Britting gehört zu den wenigen Dichtern«, schrieb Walter Höllerer in den »Weltstimmen« (1952), »die von den zwanziger Jahren über die dreißiger Jahre hin bis in unsere Zeit nach der Niederlage sich niemals, äußeren Bedingungen zuliebe, änderten. Seine Dichtung ist ein Kontinuum ... Es ist kein Wunder, daß Britting gerade von unserer jungen Generation verehrt wird. Er hat dieser Generation nichts abzubitten, sie jemals, und sei es auch nur durch ›Nebensätze‹ ins Wirre verwiesen zu haben ...«

Die Jahre des Todes zitterten in seiner Stimme nach: 1947 legte er eine Sonettensammlung vor. Ihr Titel »Die Begegnung« läßt fürs erste nicht vermuten, daß es dem Dichter um die vielfach abgewandelte, aber hartnäckig stetige Begegnung mit dem Tod ging, ein Band, von dem Paul Alverdes schreibt: »Seit den Totentänzen unserer Altvordern ist eine Begegnung von solcher Art mit der herrischen Knechtsgestalt des Knochenmannes nicht mehr gehalten worden.«

Sicherlich hat Britting auch an den Straubinger Totentanz gedacht, weil er den Tod in vielfältiger Gestalt erscheinen läßt, als Jägerknecht, als Tänzer, als Sänger und Orgelspieler – und weil er ihn jedermann in den Weg treten läßt, dem Kranken, dem Bettler, dem Reichen, dem Gefangenen, der Braut, dem Feldhauptmann. Und wieder denkt Britting an Kubin, den er sich als Illustrator wünscht. Wie Gedankenübertragung mutet es an, daß Kubin zur gleichen Zeit an einem eigenen Graphikzyklus zum Thema Totentanz gearbeitet hat.

Als Spätwerk schließlich gelingt Britting ein altbayerischer Bilderbogen ohne marktgängige Flachheit und Heimattümelei. Dünninger nennt ihn »kraftvoll und aus alten Wurzeln: Donaufahrt durch die Felsenenge beim Kloster Weltenburg, Bauerngarten und Klosterhof in glühenden Farben, geistliche Stadt und Wäldertiefe«, sie hat nicht nur weite geographische Ausdehnungen bis in die Wachau und nach Südtirol, sie ist im Grunde grenzenlos, Brittings »Kleine Welt in Bayern«:

> Der Himmel ist hoch und weit über das Land gespannt,
> Daß alles unter ihm Platz hat: die weiße Felswand,
> Der Kirchturm, Zigeunerpferde mit farbigen Bändern
> Im Schopf, Hirsche, Nachtigallen und Stare
> Und der spiegelnde, blaue und klare
> Waldsee mit den schilfigen Rändern.
>
> Liegt ein Kerl im Moose,
> Schlägt die Augen auf, und im kleinen Stern
> Sammelt er alles, den Kirchturm, die Felswand, den Himmel und sein Begehrn,
> Geht darüber und über den Himmel hinaus ins Große und Grenzenlose.

Bei Britting gibt es keine Kraftmeierei und kein lästiges Lustigtun, keine unentwegte Gaudi und Pointenseligkeit jener Ahnungslosen oder Geschäftstüchtigen, die meinen, das Wesen des Bayern sei heiter (wie der Bildhauer Hans Wimmer das »stündliche Preisen des Fortschritts« nennt). Schwermütig ist es.

> Das ist nicht ein Wald, wie sonst einer,
> Der Böhmische Wald.
> Er ist so schwarz wie sonst keiner –
> Es hat ihn noch keiner gemalt
> Wie er ist.
> Zwar sind die Wölfe, die Bären
> Nicht mehr
> In seinen dunklen Schlüften.

Ach, wären
Sies noch! Dann die Jagdhunde her!
Was das Hifthorn sang,
Das schallte zurück von dem Grunde.
Nur Pilze, die wachsen noch, schwarz und auch rot,
Und die Quelle, die rinnt, wie einst so kalt,
Und die Felstrümmer stehen in Bärengestalt,
Mit Moos um die riesigen Hüften.
Oft geht ein Wind
Aus dem Böhmischen her,
Und der Winter ist lang,
Und der Sommer ist schwer
Vom Grün und vom Gold,
Das wipfelab rollt.

Wo das Wasser sich rührt
Im grundigen Moor –
O, wie dort mit List
Den Hasen aufspürt
Der Rotfuchs, der es durchschnürt!
Seine Nase hat ihn geführt.

Es hat ihn, in seiner schwarzen Gewalt,
Den Böhmischen Wald,
Noch keiner gemalt wie er ist.

Zu Brittings Schwermut kommt noch eine andere, nämlich diejenige seines späten Lesers, der weinen könnte über die Verluste der vom Dichter in meisterlicher Form besungenen Welt. Was gilt schon von der Naturlyrik noch angesichts einer bis in die Wurzeln reichenden Zerstörung? Der Wald schwarz? Nicht grau? Und ein Grün, das wipfelab rollt? Und noch Hasen? Und Pilze noch? Die Quelle wie einst? Ach, täuschen wir uns nicht: Britting hat ja die Vergänglichkeit mitgemeint.

Brittings Natur, sagt Curt Hohoff, »ist ein enger Ausschnitt: Blumen, Bäume und Unkräuter in der Flora, Käfer, Vögel, Fische, besonders Pferde, Raben, Hähne, Hechte und Bienen in der Fauna. Es sind heraldische Tiere und Pflanzen ...«

Der Maler Max Unold porträtiert Britting 1955 vor einem Hintergrund aus den bevorzugten Motiven seiner Dichtung: Rabe, Roß und Hahn, Sonnenblume, Mond, Weinkrug, Fische ... Und was für ein Gesicht! »Georg Britting hat ein weiträumiges, offenes Gesicht«, schreibt Paul Alverdes, »faltenlos fleischig unter dem kurzgeschorenen eisengrauen Haar, auch jetzt noch, da er sich anschickt, die Schwelle der Sechzig zu überschreiten. Man könnte sich dieses kluge Angesicht mit dem ruhig forschenden Blick, dessen gelassene Heiterkeit von innerer Sicherheit kündet, gut über dem Habit eines geistlichen Würdenträgers vorstellen ... Manchmal aber kann er auch unterhaltend sein, mehr als das, wenn der Wein ihn befeuert und aus der Stummheit hervorlockt, oder wenn ihn einer mit Meinungen und Ansprüchen reizt, die ihm zuwider sind. Da kann er herausfahren wie der Bär aus seiner Höhle, mit Prankenhieben auf den Tisch, und mit schneidender, befehlender Stimme auch Dinge aussprechen, die sich so leicht kein anderer unterstehen würde, und manchem mögen sie dann vermessen oder gar fürchterlich klingen. Dann zeigt es sich, daß seine Geschichten und Gedichte keine Literatenstücke sind, von einem bloßen Talent kunstreich hingespielt, sondern daß er selber in der von ihm angeschauten und nacherschaffenen Welt mitteninne haust, in einem herrischen, begierigen Glück, in immerwährender, brennender Bewunderung, aber auch mit der wachen und furchtlosen Gefaßtheit, ohne die ihr unverstellter Anblick dem Einsamen wohl unerträglich wäre.«

Und wieder sagt Curt Hohoff: »Auch das Volk, wie Britting es beschreibt, paßt nicht ins romantische, soziologische und politische Schema. Es sind Bauern, Kinder, Jäger, Soldaten, Geistliche, Analphabeten, Gauner und Huren; hin und wieder ein Angestellter, eine Verkäuferin, aber keine Arbeiter, kein Proletariat und keine ›Masse‹. Der Kleinstädter spielt eine Rolle; Brittings Großstädter wohnt in der Vorstadt, wo sie noch ländlich ist.«

Wo die Vorstadt noch ländlich ist – das ist etwa der Sankt-Anna-Platz im Münchner Lehel, den Britting sich im Herbst 1951 zum letzten Unterschlupf erkor. Alte Häuser mit Stuckfassaden gibt es hier, Klostermauern, Kirchenkuppeln, Bäume, Pflaster, Tauben, spielende Kinder.

>Auf dem Sankt-Anna-Platz

>Regen fällt. Schon sind die Kinder fort!
>Nur die Tropfen springen auf den Steinen.
>Kaum verstummt ihr nasses Wort,
>Stürmt es her mit nackten Beinen.

>Und so gehts im Wechsel hin und her.
>Schaffts der Himmel, kurz sich zu erhellen,
>Wirft die schwarze Wolke einen schnellen
>Sommerregen, fegt den Kirchplatz leer.

>Lange sind die Kleinen nicht betrogen.
>Farbig glänzt der Platz, die Stadt, die Welt!
>Schöne Zeit verspricht der Regenbogen:
>Glaubens gern, die Kinder, daß ers hält!

Sankt-Anna-Platz 10, vierter Stock rechts, das war ein fester Bezugspunkt bis 1964. Hier wohnte er mit der Schauspielerin Ingeborg Fröhlich, Mitglied des Schillertheaters Berlin und der Münchner Kammerspiele, die 1946 die Frau des Dichters geworden war. Von hier hatte er aus dem Fenster seines Arbeitszimmers den Blick auf die Sankt-Anna-Kirche, von hier ließ er sich das eine oder andere Mal mehr widerwillig als freudig zu Empfängen der Bayerischen Akademie der Schönen Künste entführen, wo er einmal zusammen mit Peter Dörfler, Leonhard Frank, Ernst Penzoldt und Hanns Braun fotografiert wurde. Briefe wechselte der Zurückgezogene mit Heinz Piontek, Hans Carossa, Friedrich Georg Jünger, Heimito von Doderer, Werner Bergengruen, Georg von der Vring und Karl Krolow. Der Nymphenburger Verlag veranstaltete eine Gesamtausgabe seiner Werke, aber der Absatz war zäh. Der Dichter trugs »mit Staunen und Stolz«. Kraft, um zu überdauern, gaben ihm seine Freundschaften mit Hermann Sendelbach, Eugen Roth, Curt Hohoff, Paul Alverdes, Fritz Knöller, Hans Wimmer, Max Unold. Mit ihnen traf er sich »Unter den Fischen«. (Der Kreis mit dem für Britting beziehungsreichen Namen »Unter den Fischen« – nach einem Bild über dem Stammtisch genannt – war eine Vereinigung von Münchner Schriftstellern und Malern, die sich regelmäßig in einer Gaststätte an der Schönfeldstraße trafen.)

Fast könnte man meinen, Britting spräche von seinem Gedicht »Was hat, Achill ...«, wenn er an seine Frau einmal schreibt: »Die alten Meister malten auf Goldgrund. Der war zu spüren, auch wo er nicht zu sehen war. Jede echte Kunstleistung muß auf Gold gemalt sein. «

   Unbehelmt,
   Voran der Hundemeute,
   Über das kahle Vorgebirge her
   Auf ihrem Rappen eine,
   Der Köcher an der bleichen Mädchenhüfte.

   Ein Falke kreist im blauen, großen,
   Unermeßlich blauen,
   Großen Himmel.

   Er wird niederstoßen,
   Die harten Krallen und den krummen Schnabel
   Im Blut zu tränken, dem purpurnen Saft,
   An dem das Falkenvolk sich wild berauscht.

   Die nackte Brust der Reiterin.
   Ihr glühend Aug.
   Die Tigerhunde.
   Der Rappe, goldgezügelt.
   Sie hält ihn an.

   Mit allem Licht
   Tritt aus den Wäldern vor

Der Mann der Männer.
Die Tonnenbrust.
Auf starkem Hals das apfelkleine Haupt.

Er sieht die Reiterin.
Und sie sieht ihn.
So stehn sich zwei Gewitter still
Am Morgen- und am Abendhimmel gegenüber.

Der Falke schwankt betrunken auf der Beute.
Was hat, Achill,
Dein Herz?
Was auch sein Schlag bedeute:
Heb auf den Schild aus Erz!

Gottfried Benn am 4. Mai 1954 an Georg Britting: »Ich muß Ihnen gestehen, daß ich eben ... zum ersten Mal in meinem Leben Ihr Gedicht ›Was hat, Achill‹ gelesen und kennengelernt habe. Ich kann diese Lesung nicht hinnehmen, ohne Ihnen zu sagen, daß dies ein wahrhaft großartiges Gedicht ist, einfach hinreißend ...«

Und ein rätselvolles Gedicht. Bei allem Verständnis rätselvoll. Über vergleichbar schwierige Texte wurde oft Auskunft von Britting erbeten. »Meist antworte ich nicht«, bekennt er Dietrich Bode gegenüber, dem Verfasser der Abhandlung »Georg Britting. Geschichte seines Werkes«, und gallig fügt er hinzu: » ›Wer sich selber kommentiert, geht unter sein Niveau‹, schreibt Ernst Jünger irgendwo ...« Keine Auskunft über das Leben, ja nicht einmal Auskunft über das Werk! Es steht da, unübersehbar und groß. Bei Britting, mehr als bei anderen Dichtern, gibt es kaum Leben (auch Dietrich Bode schrieb nicht über das Leben!), gibt es nur Werk.

Und eine besondere Beziehung habe ich selbst, Verfasser dieser Notizen, zu Britting. Wenige Tage vor seinem Tod habe ich versucht, eine Verbindung mit ihm anzuknüpfen. Ich stieg die vier Treppen hinauf und läutete an der Tür, die ein Schild mit seinem Namen trug. (Jahrzehnte später sollte das Messingschild noch immer auf seine Wohnung hinweisen.) Die Tür öffnete sich. Eine kräftige Gestalt mit nach vorn geneigtem schweren Körper wurde sichtbar, kurzgeschorener Schädel, bleiche, schwammige Züge, hinter dem Brillengestell blitzende Augen. Es war sein mir von vielen Abbildungen vertrautes Gesicht. Ihm auf einmal gegenüberzustehen, machte mir das Herz heftig schlagen. Der Dichter bat mich, ein andermal wiederzukommen, sagte, er sei in keiner guten gesundheitlichen Verfassung. Dieser Worte entsinne ich mich genau: »Ich bin alt.«

Die Ahnung hatte ihn nicht getrogen. Wenige Wochen, vielleicht nur Tage später ist er gestorben, am 27. April 1964, zwei Monate über dreiundsiebzig Jahre alt. Auf dem Münchner Nordfriedhof wurde er zu Grabe getragen.

>   Der Adler schlägt die rosenrote Taube,
>   Nach ihrem Herzblut steht ihm das Begehrn.
>   All, was da flügelt, wird zu seinem Raube,
>   Und auf der Flucht noch muß es ihn verehrn.
>
>   Und seine Stärke – unnütz, sich zu wehrn!
>   Das weiß der Fink in seinem grünen Laube,
>   Der Sperling und das Huhn im Straßenstaube:
>   Er ist den Vögeln eingesetzt zum Herrn!
>
>   So uns der Tod! Wer wollte ihm entfliehen?
>   Den Rücken zeigen? Stell dich seinem Blick!
>   Er schießt den Pfeil dir sonst in das Genick!
>
>   Es gab schon Männer, welche hellauf schrien,
>   Wenn er sie traf. Du mußt dich überwinden,
>   Damit sie dich mit offnem Mund nicht finden.

Vom Brandnerkaspar bis zum Geisterbräu

Josef Maria Lutz
(1893 – 1972)

Am 30. August 1972 ist Joseph Maria Lutz gestorben. So zahlreich, ja fast unübersehbar sein Totengeleit war, nicht allzu viele werden geahnt haben, daß an diesem milden, himmelblauen Nachsommertag auf dem Münchner Waldfriedhof mehr als der Autor einiger kleiner Schmunzelgeschichten zu Grabe getragen wurde, nämlich ein bayerischer Dichter. Er war schon bekannt – aber nicht sein Werk.

Wer sich im leergewordenen Arbeitszimmer von Joseph Maria Lutz umschaut, dem werden die Bilder an den Wänden unmerklich zu den Stationen seines Lebens, das ein Leben in der Stille war. Da ist zunächst einmal gleich linkerhand vom Platz am Schreibtisch die Portraitphotographie des Vaters, gemsfarben, chamois, umständlich auf die altmodische Platte gebannt vom ersten Photographen am Platz. Sonntäglich stellt sich der Konterfeite dar, mit weißem, steifen Kragen, mit blitzenden Nickelbrillengläsern und gebürstetem Spitzbart, der Herr Schulrat von der Hopfenstadt Pfaffenhofen an der Ilm, dem am 5. Mai 1893 als erstes Kind ein Bub geboren wurde, der in der Pfarrkirche auf die Namen Joseph und Maria getauft wurde, Joseph dem Vater und zugleich auch dem Nährvater Jesu zu Ehren, Maria der Mutter, zugleich aber der Patrona Bavariae zuliebe.

Es gibt in jedem Leben sogenannte Schlüsselerlebnisse. Joseph Maria Lutz hat uns in seinem letzten, im Sterbejahr erschienenen autobiographischem Buch »Die mein Leben begleiteten« – die Vierbeinerfreunde, die Hunde nämlich – ein solches Schlüsselerlebnis geschildert. Es betrifft seine Erfahrung mit Joli, nach dem französischen Wort für »hübsch« joli genannt, aber echt einheimisch »Scholli« gerufen. So schreibt Lutz:

> Wenn ich in einer stillen Stunde die Augen schließe und weit zurückträume in die Zeit meiner Kindheit, sehe ich das Haus am Rande der kleinen Stadt, in der ich geboren bin. Ich sehe den Hauseingang, den zwei Jasminsträucher einsäumten, die in Sommernächten so betäubend dufteten, daß heute noch Jasmingeruch mir den ganzen Märchenzauber früher Jugend erweckt; ich sehe das winzige Vorgärtlein, in dem Rosen blühten, ich sehe hinter dem Haus den Hofraum mit dem Pumpbrunnen, einen kleinen Wiesenfleck mit ein paar Obst-

bäumen und eine kaum mehr benutzte Scheune mit einem Stall und einem großen Speicher, in dem sich ein Taubenschlag befand. Im Hause führte durch einen etwas dämmrigen Gang der Weg zu einer gewundenen Treppe, über die man zum ersten Stock gelangte, wo unsere Wohnung lag. Vom Schlafzimmer aus konnte man den First der Scheune sehen, auf dem immer Tauben saßen oder hin- und herspazierten. Meine früheste Erinnerung sind diese Tauben. Ich nannte sie, wie mir später erzählt wurde, »Baub – Baub«. Haus, Hof, Brunnen, Wiesenfleck und Scheune mit den Tauben, das war meine früheste Welt. Später weitete sich diese kleine Welt, die zwei Häuser weiter sich zu Wiesenflächen ausbreitete, durch die der baumumsäumte Fluß strömte, an dem damals noch Störche gravitätisch auf und ab gingen. Zur anderen Wegseite hin begann die Stadt mit ihren Häusern und mit ihrem großen Marktplatz, den ich in meiner Erinnerung immer still und behäbig und ein wenig schläfrig in der Sonne liegen sehe. Alles strömte Ordnung, Umhegtheit und gefestigte Ruhe aus. Im Hause waren meine Eltern und das Dienstmädchen Kathi, das so gerne und so hell lachte, und am Fenster saß, meist in ein frommes Buch vertieft, meine Urgroßmutter, die bei uns wohnte. Und noch jemand war da: ein schwarzer Spitz, der auf den Namen »Joli« hörte, und den ich gleichberechtigt zu den anderen zählte, wenn er auch nicht reden, hell lachen und in frommen Büchern lesen konnte. Ich konnte ja auch noch kaum reden und wir verständigten uns mit Blicken und Gebärden. Später erzählte man mir, daß der Joli in den ersten Monaten meines Lebens kaum von meiner Wiege gewichen sei. Dann hat er meine ersten Schritte begleitet, meine ersten Spiele mitgespielt und mich überall wie ein älterer Bruder treu bewacht. Er war dabei, als die Landschaft der Heimat meinem Auge und meinem Herzen nahekam, und heute glaube ich, daß er mir zuerst im Leben das liebende Verwandtsein zum Bruder Tier, zum Bruder Feld und Wald, zum Bruder Wanderweg vermittelt hat, das mein ganzes Leben verschönte und bereicherte. Ich habe die anderen Geschöpfe, Tier, Strauch, Blume, Gras, Baum und Stein nie als fremd und weit unter mir empfunden, sondern mir in Lebensfreud und Lebensleid ganz nah und in innigem Verstehen verschwistert. – Der Joli hatte durchaus seine persönliche Eigenart. Während zum Beispiel die meisten Hunde Postboten hassen, war es beim Joli anders. Ich höre heute noch sein jubelndes Gebell – ein Wu–Wu–Wu im höchsten Diskant, wenn der Postbote Schneider kam, den er springend und tanzend begrüßte. Mit diesem Postboten hatte es nämlich für den Hund eine eigene Bewandtnis. Mein Vater hatte kurz nach seiner Verheiratung in der Zeitung eine Anzeige gelesen, daß in Holzkirchen junge, hübsche Spitze zu verkaufen seien. Da er der Meinung war, daß zu einer Familie auch ein Hund gehöre, bestellte er sich einen dieser Spitze. In einer Kiste verpackt kam dann einige Tage später der Hund an. Um den Hals hatte er ein rotes Bändchen mit einem Zettel daran. Darauf stand: »Ich heiße Joli.« Der Postbote Schneider hatte die Kiste mit dem Hund gebracht und war dabei geblieben, als man das verängstigte Tier auspackte. Es muß dem Joli gleich bei uns gefallen haben, denn sein Leben lang dankte er dem Postboten mit Jubelgebell und Liebkosung; So hat mich der Joli zuerst in meinem Leben gelehrt, was Dankbarkeit ist ... Die Jahre vergingen in schöner Ordnung, eines wie das andere. Eines Tages ging ich mit meinem Vater und dem Joli spazieren. Wir kamen an einem kleinen Haus vorbei, vor dem ein entzückender junger Rehpinscher mit seiner Mutter spielte. Wir betrachteten das Hündchen, das etwa zwei Monate alt sein mochte. Mit einem Male sagte mein Vater: »Der könnte Jolis Nachfolger werden.« Mich wehte es kalt an, und es gab mir einen Stich ins Herz. Daß der gute Joli einmal nicht mehr sein könnte, ging mir nicht in den Sinn. Ängstlich betrachtete ich ihn. Aber der Hund lief fröhlich wie immer vor uns her. Mein Vater mußte jedoch geahnt haben, daß Jolis Leben nicht mehr lange währen würde. Bald nach jenem Spaziergang fing er zu kränkeln an. Alle liebevolle Pflege und alle tierärztlichen Bemühungen halfen nichts mehr. Eines Tages war der Joli tot. Mich Buben erschütterte dieser erste Abschied in meinem Leben bis ins Innerste. Es war zum ersten Male, daß der Begriff »Tod« für mich grausame Wirklichkeit wurde. Ich weinte bittere Tränen und war tagelang vollkommen verstört. Zudem kam der Allerheiligen-Allerseelentag und wir besuchten auf dem Friedhofe die Gräber. Abermals brach ich in fassungsloses Weinen aus und sagte nur immer wieder: »Auch der Joli ist tot!« Es dämmerte schon. Mein Vater schwieg, nahm mich bei der Hand und führte mich stumm nach Hause.

Auf diesem traurigen Heimweg im Grau des Novemberabends geschah aber etwas, was mir durchs ganze Leben in Erinnerung geblieben ist. Am Wege standen Bäume, von denen die letzten Blätter leise niedersanken. Da hielt mein Vater an, und noch heute sehe ich ihn vor mir, wie er seinen Spazierstock nahm und einen Baumzweig zu mir herunterbog. Er zeigte ihn mir und sagte: »Schau, hier sind die Blätter vom heurigen Jahr abgefallen und gestorben wie unser Joli. Das ist der Lauf der Welt, aber sieh, wo die Blätter vom Zweige abgefallen sind, ist schon etwas Neues, nämlich die Knospen, aus denen im nächsten Frühling die neuen Blätter und Blüten sprießen und uns erfreuen werden. Und wenn dir einmal im Leben etwas schwer wird oder wenn dich ein Abschied traurig macht, dann denke an den Zweig, der im Winter schon in den Knospen den Anfang für ein neues Leben trägt.«

Dieses »Stirb und Werde« ist dem Dichter Joseph Maria Lutz ein immer wieder benötigter Trost geworden. In seinem Gedichtband »Stiller Tag« (1942) schreibt er:

> Es fällt das Blatt, doch sieh den Zweig,
> der schon von Knospen übersät,
> und ahn den Frühling schon und schweig
> vom Leben, das verwelkt und geht.

Wenn man aus seinem Arbeitszimmer in die Stube hinüberschaut, fällt der Blick auf eine behäbige Kommode im Louis-Seize-Stil und einen ausladenden Bauernschrank im Empire-Geschmack mit aufgemalter Vasenzier: Möbel aus dem Besitz der Mutter, die eine Tochter des Pfaffenhofener Bürgermeisters und Brauereibesitzers Franz Xaver Haindl war. Die Wohlhäbigkeit der Hopfenstadt gründet ja auch im Bräuwesen. Auf einem kleinen Aquarell neben dem Schreibtisch des Dichters streckt das heimatliche Pfaffenhofen die zwei Türme der Pfarrkirche St. Johann Baptist und der Spitalkirche in den wolkigen Himmel. Zwischen die Pole Himmel und Heimat ist sein kindliches Leben gespannt und in diesen Grenzen geborgen. Da kommt der letzte Schultag. Und wieder erlebt er den Abschied und den Sieg über die Trübsal. Wir lassen den Dichter selbst erzählen:

> An meinen letzten Schultag in der Volksschule erinnere ich mich noch genau. Damals war üblich, daß an diesem letzten Tage eines Schuljahres die sogenannte »Prüfung« stattfand. Der Herr Schulinspektor, nicht unser Lehrer, nahm sie ab. Auch der Herr Bürgermeister war da und hinter unseren Bänken saßen auf Stühlen, die man hereingeschafft hatte, Eltern und Angehörige von uns Schülern – nicht alle, aber doch diejenigen, die Zeit hatten und besonderen Anteil an unseren Kenntnissen und Fortschritten nahmen.
>
> Alles war feierlicher als sonst. Der Katheder war mit Blumen geziert und wir hatten unsere Sonntagsanzüge an, was die Steifheit und Un-

gewohntheit der Veranstaltung noch betonte und ihre Wichtigkeit hervorhob.

Uns Schüler beherrschte am Prüfungstag ein Gefühl zwischen Ängstlichkeit und Freude, denn hinter den kurzen Stunden der Prüfung kam die große Zeit der Entspannung und Freiheit. Draußen, vor den Fenstern, blaute schon der Ferienhimmel über der kleinen Stadt.

Bei jener Prüfung aber, die ich meine, war es doch noch anders – für mich wenigstens und die paar anderen Schüler, die nach den Ferien »fort« mußten.

Dieses Fort bedeutete für uns nämlich den Abschied von Volksschule und Elternhaus; es hieß fort in eine andere, größere Stadt, welche die höheren Schulen hatte, die wir nun nach dem Entschluß der Eltern besuchen sollten. Die Freuden der Ferien fielen für uns dieses Mal nicht sehr ins Gewicht. Sie waren nur eine kurze Gnadenfrist, die uns die Heimat noch gab. – An die einzelnen Ereignisse jener Prüfung erinnere ich mich nicht mehr. Sie schien mir keine besonderen Schwierigkeiten gemacht zu haben. Ich weiß nur noch, daß wir am Schlusse ein dreistimmiges Lied – einen Choral – sangen, den unser Lehrer mit der Violine begleitete. Mir schien er sehr schön und feierlich und ich sang gerührt mit. Dann aber kam der Augenblick, der bis heute, durch die vielen Jahre eines ereignisreich bewegten Lebens, klar und fast überdeutlich in meinem Gedächtnisse haften geblieben ist. Wir standen, wie immer nach der Schule, auf Befehl des Lehrers auf und verließen in Reihen zu zweit das Schulzimmer. Und da, als ich das letzte Mal über die Schwelle trat, drehte ich mich noch einmal um. Ich fühle heute noch den etwas dumpfen, altvertrauen Schulgeruch, der mir nachschwebte und den ich wehmütig noch einmal einsog. Dann aber kam das Beklemmende: ich sah den Schulsaal leer und die Bänke verlassen. Eine seltsame Öde griff mir bei diesem Anblick ans Herz – die Öde und Leere des ersten Abschiedes. Ich wußte klar: was nun kommen würde, war nicht mehr das Altvertraute, sondern das Neue – die Fremde. Die Umhegtheit, welche die Schule gab, das Elternhaus, die Kindheit, alles fiel in diesem Augenblick von mir ab. Ich fühlte zum ersten Male die Verlassenheit in jedem Aufsich-selbst-Gestelltsein, die Einsamkeit, die jeder Verantwortung innewohnt.

Die anderen, die Freunde und Spielgefährten, würden zurückbleiben; das Leben war kein Spiel mehr. Für mich war das alles nun Vergangenheit geworden. Aus diesem Wort Vergangenheit mahnte aber auch schon das andere, bittere: Vergänglichkeit. Alles würde vorübergehen, alles würde einmal leer werden und still, wie dieser Schulsaal, der noch kurz zuvor von der Aufregung der Schulprüfung und ihrer großen Wichtigkeit so erfüllt gewesen. Vorbei! Was blieb, war nur ich und mein Weg, den ich nun zu gehen hatte, wieder zu Anstrengungen und Wichtigkeiten, wieder zu Leere und Stille und wieder zu neuen Wichtigkeiten und neuen Anstrengungen weiter und immer weiter über Gegenwart und Vergänglichkeiten durch ein ganzes Leben lang. Angst und Schauder beklemmten atemlang meine Brust. Am liebsten wäre ich zurück ins Zimmer und hätte mich weinend an meinen Platz gesetzt.

Mit aller Kraft nahm ich mich zusammen und schritt weiter. Und mit einemmale mischte sich in Angst und Wehmut des Abschiedes ein anderes Gefühl, ein fast trotziger Mut, niemals ängstlich stehen zu bleiben, sondern immer weiter zu gehen und bewußt auf mich zu nehmen, was auch das Leben mir bringen würde.

Als ich die Schulhauspforte durchschritt, hatte dieses Gefühl gesiegt. Die Weite des Lebens lockte mich nun, und voll Vertrauen zu den Kräften des Daseins trat ich ins Freie.

So habe ich meinen letzten Tag in der Volksschule erlebt. Auf der Schwelle des Schulzimmers hat er mich noch eine der tiefsten und tröstlichsten Weisheiten des Lebens gelehrt, nämlich jene, daß jedes Ende auch ein Anfang ist.

Joseph Maria Lutz schreibt über sich: »Als Student kam ich zum ersten Mal für längere Zeit nach München und hatte noch das Glück, die bezaubernde Atmosphäre der Stadt in den Jahren kurz vor dem Ausbruch des Ersten Weltkrieges zu erleben. Damals schon wurden mir Stefan Georges schöne Worte zur schicksalhaften Gewißheit: ›... Heimat deucht uns erst, wo Unserer Frauen Türme ragen‹.«

Der Krieg brach aus. Lutz kam als Soldat nach Frankreich. Eine veränderte Stadt empfing den Heimgekehrten, der nach jahrelangem Siechtum – einmal lag er sogar in der Totenkammer – aus dem Lazarett entlassen worden war. Seinem Beruf mußte der schwer kriegsversehrte Diplomlandwirt entsagen. Einer frühen Neigung folgend – sein erster Gedichtband »Junge Welten« war 1913 erschienen – wandte er sich endgültig der Dichtung zu. 1921 legte er seinen zweiten Gedichtband »Heilsstätte« vor. Es waren entbehrungsreiche Jahre, damals in der Augusten- und in der Giselastraße. 1926, als ein weiterer Band, »Neue Gedichte«, erschien, porträtierte ihn der bekannte Münchner Maler Julius Graumann. Es ist ein lebensgroßes Gemälde, das im Arbeitszimmer des Dichters eine halbe Wand einnimmt und beherrschend wirkt. Im braunen Straßenanzug sitzt Lutz dem Betrachter gegenüber; Mobiliar, Anzugschnitt, Körperhaltung, die Malweise – flüchtig und breit hingesetzt – alles in allem, ein echtes Zeitdokument der mittleren Zwanzigerjahre!

Der Durchbruch gelang dem jungen Dichter mit seinem Roman »Der Zwischenfall«, 1929 bei Piper verlegt. Schon im Jahr darauf folgte, ebenfalls bei Piper, der Hauptwurf des jungen Joseph Maria Lutz: »Bayrisch, was nicht im Wörterbuch steht.« Wie weit sich Altbayern seit damals, als Lutz dies schrieb, geändert hat, und wo Altbayern nicht mehr Altbayern ist, kann man an diesem Buch ermessen.

Den Dichter zog es 1931 zurück in die Holledau, ins Hügelland seiner Kindheit. Mit seiner Frau Margarethe – er hatte 1928 geheiratet – bewohnte er ein hübsches Holzhaus im Tal des Prambaches, eine knappe Fußstunde von Pfaffenhofen. Freundschaft verband ihn mit dem Abt von Scheyern. – Er hat diese Jahre später immer als die fruchtbarsten seines Lebens bezeichnet. 1933, drei Jahre nach Billingers Spiel von den Rossen, entstand hier, völlig unabhängig, seine Erzählung »Der Kumpf«, eine Dichtung, die immer neue Bewunderer gefunden hat. Auch die besten Stücke seines Bandes »Käuze am Weg« (1936) und seiner Novellensammlung »Der unsterbliche Lenz« (1940) wurden hier geschrieben, Zeugnisse seiner Liebe zum bäuerlichen Leben. Schließlich widmete er sich der dritten poetischen Gattung, der dramatischen. Unmittelbar vor der Prambacher Zeit schrieb er das Spiel von der »Erlösung Kains«. 1934 kam als Buch und auf der Bühne des Dresdener Staatstheaters das Volksstück vom »Brandner Kaspar« heraus. Lutz hat die kurze Skizze Kobells zugrundegelegt, von jenem lebenshungrigen königlichen Jagdgehilfen, der den Tod überlistete, der sein Eheweib, seine Freunde und Kinder überlebte. Der »Brandner Kaspar« eroberte sich die deutschsprachigen Bühnen, Berlin, Wien, München, Freiburg, Nürnberg, Würzburg, Leipzig und zum zweiten Mal Wien: Paul Hörbiger hatte sich seine Lieblingsrolle, den Brandner, zur Feier seines siebzigsten Geburtstages ausbedungen; 1964 spielte er ihn im Raimundtheater. Die Szene vom Tod der Brandnerin gibt es übrigens in einer schon klassisch gewordenen Aufnahme des Bayerischen Rundfunks mit Elise Aulinger, Wastl Witt und Rudolf Vogel.

Kaspar: No, Muatta, wia geht's dir denn?
Brandnerin: Müad bin i, Kaspar; halt so viel müad.
Kaspar: Wia, laß dir's Bett a bissl richtn! – So, iatzt is's scho besser, moan i.
Brandnerin: Ja, iatzt is's scho besser. (Eine kleine Pause) Finster werd's, Kaspar.
Kaspar: Finster? Is no' net so aus; is no' ganz schö' liacht. Mach ma 's Fenster wieder a bissl weiter auf, nacha werd's heller! (Er tritt ans Fenster) So. A so a schöner Abend draußen, und d' Luft so mild. (Indes der Kaspar leise zum Bett zurückgeht, hört man aus der Ferne im Tal eine dünne Glocke – das Totenglöckchen – läuten)
Brandnerin: (hört das Läuten) Läuten gar 's Totenglöckerl in Tegernsee drunt. (Das Läuten verstummt)
Kaspar: (lauscht) 's Totenglöckerl? Was fallt dir denn ei'? Da hör i nix; des hast dir ei'bildt, Muatter.
Brandnerin: Und a schiacher Wind geht. (Man hört den Wind)
Kaspar: Jatzt, moan i, traamst; i hör koan Wind und i hör koa Totenglöckerl. (Der Wind schweigt)
Brandnerin: Und a schwarze Wolkn kimmt daher mit dem Wind. (Man hört
wieder Wind und Totenglöckchen ganz deutlich; nach einer Weile pocht es ziemlich heftig an die Türe)
Brandnerin: Und iatzt klopft's an der Tür! Kaspar, i fürcht mi, mach net auf!
Kaspar: Wia wer' i denn aufmacha, Muatter; es klopft ja neamd; des müasst i do' aa hörn. (Es pocht wieder)
Brandnerin: Da, iatzt klopft's scho wieder!
Kaspar: Jatzt schlaf a bissl, Muatter; es klopft neamd. So, i bi scho da – brauchst di net fürchtn.
Brandnerin: Kaspar, Kaspar – iatzt geht d' Tür auf! – Da, da – da kimmt oaner 'rei'!
Kaspar: Geh, Muatter, d' Tür is ja zua!

Brandnerin: Aber da sitzt oaner – da, an meim Bett!
Kaspar: Freili Muatter, des bin ja i! – Jatzt schlaf no; i bin iatzt ganz staad. (Er steht leise auf und setzt sich auf die Ofenbank. Die Stube liegt nun ganz in tiefem Dämmern; das letzte Abendrot vor dem Fenster ist verblaßt, nur der Raum mit dem Himmelbett liegt in einem magischen Schimmer; in ihm gewahrt man, daß am Bettrand, genau wie vorher der Kaspar, tatsächlich eine Gestalt – der Tod – sitzt)
Boanlkramer: (hager, knochig, hohläugig [jedoch keine schreckhafte grinsende Schädelmaske] mit schwarzem Mantel – eine Art Havelock –, breitem Hut) No, Brandner-Muatter, wia geht's?
Brandnerin: Wer bist denn du? Was willst denn du von mir?
Boanlkramer: A bissl nachschaugn. Wia geht's dir denn?
Brandnerin: Müad bin i; halt so viel müad.
Boanlkramer: Wenn ma' sei' ganz Leben lang g'arbat hat und fleißi war, werd ma' halt amal müad, Brandner-Muatter; des macht nix; des is ganz natürli; da derf ma' scho müad wer'n.
Brandnerin: Fleißi, moanst, war i?
Boanlkramer: Des muaß wahr sei'; du warst a guats, fleißigs Weib, dei' ganz Leben lang.
Brandnerin: A fleißigs Weib, des ganze Leben lang – des freut mi scho recht, Kaspar, daß du des sagst vo mir. – – Aber – du bis ja gar net der Kaspar!
Boanlkramer: Der Kaspar, der sagt des scho aa.
Brandnerin: Ja, aber, du bist ja gar net der Kaspar – (immer ängstlicher) du bist ja ganz schwarz o'zogn, und bist ja knochadürr, und du hast ja koa Fleisch im Gsicht – du bist ja – du liaber Herrgott im Himmel! –, du bist ja gar der Tod!
Boanlkramer: Geh, Brandner-Muatter, wer werd jetzt da a so derschrecka! Tod, no ja, so schreib i mi und so hoaß i für die reichn Leut und für die Schiachn – aber für die guatn Leut und bsunders für di, da bin i halt der Boanlkramer, des is mei' Spitznama, weil i halt gar so boani bin; Boanlkramer, des is lustiger.
Brandnerin: Lustiger? Bist du lusti aa?
Boanlkramer: Des glaabst – bei der Brandner-Muatter alleweil!
Brandnerin: (fast heiter besinnlich) Der Boanlkramer! – – Und tuast mir nacha nix?
Boanlkramer: A, gar koan Schei! – Was soll i dir denn toa?
Brandnerin: Warum bist nacha kemma?
Bonnlkramer: An schöna Gruaß soll i dir sagn, vo deine zwoa Buabn.
Brandnerin: Vo meine zwoa Buabn?

Boanlkramer: Ja, vom Toni und vom Girgl!
Brandnerin: Was tean's denn? – Wia geht's eahna denn?
Boanlkramer: Mei, san halt im Krieg. Da – da –! (Er weist mit der Hand zum Fenster und nimmt die Brandnerin, indes er sie etwas aufrichtet, in seine Arme) Jetzt pass a bissl auf, nacha zoag i dir's. (Man hört nun, erst sehr ferne, dann immer näher kommend und deutlicher, Schlachtenlärm, Schüsse, Signale, Geschrei, vor dem Fenster flackert unruhiges Licht)
Brandnerin: Du lieber Herrgott, da is ja a Berg – da dampft und raacht und brennt ja alles – und kracha tuat's! Da geht ja d' Welt unter! (Schlachtentumult vollkommen deutlich) Und da, da laffa Soldatn! (Hurrarufe und Gewehrgeknatter) Und da, da laffa zwoa voraus! – – Girgl! – Ja, des is' ja der Girgl! Wo lafftst denn hi? Girgl, paß do' auf, paß auf! – Und da, da lafft der Toni aa; Toni, Toni! Schaug auf! Toni! Girgl! Müaßt's denn ös überall vorn dro sei'? (Furchtbare Explosion) Jetzt sieg i s' nimmer vor lauter Raach! – Heiliger Herrgott, an Toni, an Girgl, in deine Hand empfehl ich s'! – Boanlkramer, wo san's, meine Buam? Lieber Herrgott, in deine Hand ...
Boanlkramer: (sehr groß und gütig) Sie san in seiner Hand. (Der Schlachtenlärm verstummt, das Flackern erlischt; Stille, dann erklingt eine ferne süße Musik, durchs Fenster bricht ein milder Schein)
Brandnerin: Was is des? A liachter Schein is da und a Musi! Und da – da – der Girgl und der Toni – da fliegn s' glei gar und schaugn so seli – und lacha und winka tean s'!
Boanlkramer: Siehgst denn des net? *Dir* winkas s', Brandner-Muatter!
Brandnerin: Ja, is scho wahr! – *mir* winka s'! Ja, Girgl, ja, Toni, – und so liacht is alles und so leicht!
Boanlkramer: (sehr weich) I moan, mir fliagn a bissl mit, Brandner-Muatter! Mir wer'n do' net liegn bleibn, wenn's so schö' is!
Brandnerin: I kimm scho, meine Buam; lasst's enk nur Zeit; i kimm ja scho! – Du lieber Herrgott, i dank dir schö'! (Die süße Musik klingt wundersam auf, der magische Schein erlischt, der Boanlkramer verschwindet. Tiefe Stille, Mondlicht streift leise zum Haupt der Toten)
Kaspar: (atmet ein paarmal tief auf und erwacht aus dem Schlaf) Jatzt, moan i, bin i glei gar a bissl ei'gschlaffa. (Er lauscht zum Bett zurück, erhebt sich dann und geht zum Lager) Ja, was is denn des? Muatter, Muatter! Daß du gar so staad bist? Soll i Liacht macha? Muatter, Muatter! Heilige Maria! – Muatter! (Er geht langsam an das Weihwassergefäß am Fenster, taucht die Hand hinein, geht zur Toten zurück und schreibt ihr mit dem Daumen unbeholfen das Kreuzzei-

chen auf Stirne, Mund und Brust; dann faltet er die Hände und spricht gefaßt und still) Der Herr gib ihr die ewige Ruhe und das ewige Licht leucht' ihr; der Herr laß sie ruhen in Frieden. – Amen. (Man hört nun deutlich aus dem Tale das Totenglöckchen)

Gedichte, von Joseph Maria Lutz geschrieben und von der Familie Eberwein gesungen – wie »Der alte Bauer klagt um sein Weib« –, wurden Volkslieder. Die Musik der Holledauer Heimat muß in dieses Porträt einbezogen werden; es gewinnt so an Fülle und Tiefe.

Das Holledauer Schelmenstück »Der Geisterbräu« entstand gleichfalls in der glücklichen Prambacher Zeit. Der Erfolg blieb Lutz treu. Im Leben des Dichters war es Sommer – war es Mittag.

> Iatzt halt der Summa Mittagsruah,
> er liegt und schlaft im Gras.
> A Hummi brummelt wo dazua –
> i glaab, es traamt eahm was.
>
> A Kornfeld loahnt si zu eahm hi,
> wia an sein Vattan's Kind.
> Dees g'spürt er und da g'freut er si
> und schnauft so lüfterllind.
>
> Der Himmi spannt si blau und staad,
> a Grilln geigt wo im Feld,
> a Glockn schlagt, a Gockl kraaht,
> sunst hörst nix von der Welt …

1938 verkauft Lutz das einsame hölzerne Landhaus im Prambachtal. Es erweist sich als zu abgelegen von Redaktionsstuben und Verlagsbüros, auf die er als freier Schriftsteller angewiesen ist. In seinem neuen Münchner Haus, Schneemannstraße 13, das ihm Heimat blieb bis zuletzt, entstehen kleine Kabinettstücke der Wortkunst, wohl an Altmeister Julius Kreis geschult, aber unverwechselbar in der Tonart; neu sind die immer wieder auftauchenden Variationen um den Tod, die aber nie bei der Verzweiflung stehen bleiben, sondern aller Unbill des Lebens eine tröstlich heitere Seite abgewinnen. Er schreibt »der Trübsal zum Trutz«, wie ein Erzählungsband dieser Jahre heißt. In einem dieser Bände gibt es auch die kulinarische Plauderei: »Der Käse und der Kas«, die vielleicht niemand so erheiternd vorzutragen wußte, wie Joseph Maria Lutz selbst.

Mit dem Gedichtband »Stiller Tag« (1942) verabschiedete sich Joseph Maria Lutz von seinen Lesern. Stille Tage folgten – stille Jahre: eine lange Pause trat in seinem Schaffen ein. Die politische Entwicklung ließ ihn resignieren. Hinter gut verschlossener Tür las er seinem weißen Hirtenhund das umgeschriebene Märchen vom Wolf und den sieben Geißlein vor – mit dem Wolf war der große Diktator gemeint. Das Märchen ist nie gedruckt worden. Dann kamen die Jahre des Bombenkrieges. Das Münchner Haus wurde schwer getroffen und unbewohnbar.

Als erstes Lebenszeugnis nach den überstandenen Schreckensjahren hängt ein kleines Ölgemälde im Arbeitszimmer des Dichters. Der Hirtenhund sitzt ihm zu Füßen. Er selbst ist abgemagert von Entbehrungen, trägt die altbayerische Lederhose. Der väterliche Freund Maximilian Dasio, der bekannte Illustrator und Graphiker, hat es, wie die Signatur zeigt, am 20. Juni 1945 in Oberammergau gemalt. Auf die Rückseite hat er eigenhändig geschrieben:

> Weißblau is boarisch und
> grea is der Woid und
> schwarzweiß is preißisch –
> aa schee, wem's gfoit.

In Oberammergau war also der Bombengeschädigte untergekommen. Hier hatte der Großvater Anton Lutz eine angesehene Kunst- und Intarsienschreinerei betrieben; feine Möbel und Altäre waren aus seiner Werkstatt hervorgegangen. Ein Bildnis dieses Großvaters, wie er als Sänger beim Passionsspiel 1880 ausgesehen hat, und ein von Tobias Flunger, dem Christusdarsteller von 1850 gemaltes Aquarell des Lutzhofes an der Ettaler Straße mit dem Kofel als Hintergrund, hängen daneben.

Im Jahre 1947 brachte der nach München heimgekehrte Joseph Maria Lutz eine Reihe neuer Werke heraus. Der deutschnationale Jakobinismus des Dritten Reiches hatte ihn abgestoßen. Aber auch nach 1945 widerstrebte es ihm, sich eilfertig den allenthalben erfolgreichen Verächtern der Heimat anzuschließen. Er blieb stehen, wo er immer stand, fest auf dem bayerischen Boden. Ein schönes Zeugnis legt davon der Roman »Das himmelblaue Fenster« (1947) ab. Im gleichen Jahr entstand auch das Singspiel »Birnbaum und Hollerstaudn«. Die Sage vom Schmied und seinen törichten Wünschen hatte Lutz in einem Buch des Bauernpfarrers Joseph Weigert gefunden, das ihm der bekannte Volkskundler vor Jahren einmal geschenkt hatte. Es wurde ein Märchen für Erwachsene. Auch hier ist der Boandlkramer weit eher Freund als Feind des Menschen. In der Uraufführung des Münchner Volkstheaters, 1951, spielten Michl Lang, Paula Braend und Konstantin Delcroix die Hauptrollen.

Joseph Maria Lutz konnte sich bei seinen Arbeiten auf die Theaterleidenschaft eines Volkes von ungewöhnlicher dramatischer Begabung stützen. Und es hätte seinem Wesen widersprochen, wenn er nicht statt vordergründiger kurzlebiger Situationskomik echte Dramatik angestrebt hätte. Mit voller Absicht schrieb er seine Stücke für die große Bühne. Und dort wurden sie gespielt. Es gab damals aber auch bayerische Ensembles! Nicht nur im Volkstheater! Hans Fitz wurde von Falckenberg uraufgeführt. Im Bayerischen Staatstheater wurden Raimund, Anzengruber, Schönherr, Queri und Lippl gegeben. Und Joseph Maria Lutz! Thoma wurde vom Bayerischen Staatsschauspiel aufgeführt! Vom selben Ensemble, das am Vorabend König Richard III. gespielt hatte. Von einem Ensemble, das nahezu ausschließlich aus Bayern bestand: Es sei nur erinnert an Gustav Waldau, Rudolf Vogel, Willy Rösner, Kurt Holm, Ernst Martens, Julius Frey, Nora Minor, Liane Kopf, Magda Lena, Maria Wimplinger ... die zur gleichen Zeit auf dieser Bühne standen. Das führte einmal sogar zu der belustigenden Situation, daß in Ludwig Thomas »Erster Klasse« der Erzpreuße Stüve aus Neuruppin, in Ermangelung eines echten Preußen, von einem Bayern gespielt werden mußte.

Joseph Maria Lutz war zeit seines Lebens ein großer Verehrer und Bewunderer Ludwig Thomas, dessen bäuerlicher Naturalismus (»Das Sterben«!) in manchen seiner frühen erzählerischen Arbeiten anklingt. Besonders stolz war er auf eine alte Pfeife, zugerichtet aus einem schönen Rehgwichtl mit Rose und Gabel aus dem Besitz Ludwig Thomas. Er hat sie in sein Arbeitszimmer gehängt und daneben eine Radierung von Eduard Thöny: Am Grabe Ludwig Thomas. So heißt auch ein Gedicht von Joseph Maria Lutz. Es endet so:

> I red halt und hab's net besser g'wüßt,
> und »Vergelt's Gott« sag i dir aa.
> »Vater unser, der du bist ...«
> Ludwigl, waarst halt da!

»Vater unser, der du bist.« In seinem Sonettenzyklus »Vater unser«, der gleichfalls im Jahre 1947 entstand, widmet Lutz eines seiner schönsten Gedichte den drei Wörtern »der du bist« (qui es!), die eine Bekräftigung sind, eine Beschwörung, ein Stoßgebet, tröstlich, für sich schon heilig – und nun achtlos beiseite geworfen. Diesen Zyklus hat er zum Gedächtnis des gefallenen Freundes Anton Erlacher geschrieben. Ein Gipsabdruck der Schreibhand von Joseph Maria Lutz und eine sitzende Madonna aus Wachs sind im Bücherschrank verwahrt, beides Arbeiten des Bildhauers Erlacher. Und noch etwas ist an diesem Zyklus bemerkenswert: Er hat dem alternden Dichter, der seit 1954 Witwer war, eine zweite Lebensgefährtin zugeführt. Wenige Tage nach dem Tod seiner ersten Frau hat der Mensch, der ihn auf seiner letzten Wegstrecke begleiten sollte, Ingeborg Stockhausen, aus dem fernen Hamburg, wegen dieser Vaterunsergedichte den Briefwechsel mit ihm aufgenommen. Aus diesem Briefwechsel entstand eine Freundschaft, die anfing, dem vereinsamten und gebrochenen Mann wieder Mut zum Leben zu geben. Die Freundschaft führte zur Ehe. »Meine Frau hat mir dich geschickt«, sind seine Worte über diese Fügung gewesen. Er war wirklich am Abgrund des Lebens gestanden. Aber wie immer hatte der Tod für ihn versöhnliche Züge angenommen. Auch in seinen volkstümlichen kleinen Erzählungen regt die Vergänglichkeit nicht zum Weinen, sondern zum Schmunzeln an. »Im Hintergrund die Frauentürme« nennt er einen Band Erzählungen. Man könnte dem Schilderer solcher Selbstgenügsamkeit ein Liebäugeln mit der Vergangenheit ankreiden, wenn er uns nicht zeigte, daß wenige Schritte hinter dem berühmten Starkbierkeller – die Gräberfelder des Ostfriedhofs liegen. Mit ernsten Erzählungen hatte der ehrgeizige junge Dichter Lutz begonnen, nun schrieb er heitere Geschichten; aber sie sind von einer leisen Heiterkeit, sie künden von einer heiter-gelassenen Hingabe an die Zerbrechlichkeit des Irdischen; so in der Geschichte vom »blühenden Sedlmeier«:

> Sie saßen heuer wieder auf dem Nockherberg beim Salvator und feierten Josephitag: der Ludwig, der Alois und der Xaver.
> »Jetzt waar halt der alt Sedlmeier aa dabei«, sagte der Xaver besinnlich zwischen zwei Schlücken.
> »Und ob er dabei waar«, meinte der Ludwig, »hat ja Joseph aa no g'hoaßn! Dees war alle Jahr sei Namenstagsfeier, dadrauf hat er was g'halt'n.«
> »Und muaß vorigs Jahr sterbn.« – Der Alois sagt es und starrt vor sich hin.
> Der Xaver tut einen tiefen Schluck: »Es werd scho wieder, hat er allerweil g'sagt, bis in seine letzten Tag nei, und nächstes Jahr gehnga ma wieder zum Salvator, alle mitnand.«
> »Recht hat er g'habt, jetzt san ma da.«
> »Ja, aber der alt Sedlmeier fehlt halt.«
> »Und hat'n so gern trunka, den Salvator!«
> »Und jetzt gaab's an Salvator, und der Sedlmeier liegt drent am Ostfriedhof, und no dazua so nah da beim Nockherberg.«
> Ein leerer Stuhl ist noch am Tisch, wie für den alten Sedlmeier hergerichtet.
> »Da sitzat er jetzt«, sagt der Xaver, »ma sollt eahm direkt a Maß histelln an sein Platz.«
> »Dees tean ma«, greift der Ludwig begeistert die Idee auf, »mir steuern z'samm und stelln eahm a Maß hi.«
> Es geschieht, und dann steht der volle Maßkrug vor dem leeren Stuhl, wie ein Denkmal.
> Die drei Freunde unterhalten sich gedämpft und erzählen mit traurigem Unterton lustige Stückl vom alten Sedlmeier. Nach einiger Zeit fällt ihnen wieder der Maßkrug vor dem leeren Stuhl ein.
> »Werd ja lack, dees Bier«, sagt der Xaver bedauernd.

»Ja mei' ... «
»Mir könna's eahm do net wegtrinka, sei Bier.«
Eine Pause metaphysischen Grübelns entsteht.
»Wißts, was ma tean?«, unterbricht der Xaver das Schweigen und sein Gesicht hellt sich auf, »mir tragen's eahm nüber, sei Maß!«
»Was hoaßt denn nüber?« frägt der Alois mit Schaudern.
»Nüber, an Friedhof!«
»Geh ... «
»I trags eahm nüber – de Freud mach i eahm zu seim Namenstag«, erklärt der Xaver mit Entschlossenheit.
»I geh pfeilgrad mit, als Abordnung«, sagt der Ludwig, »und du bleibst da und hebst uns derweil den Platz auf.«
Und so geschah es. Die beiden erhoben sich, nahmen den Maßkrug, schritten ernst und würdig dem Tore zu, sehr bedacht, daß sie auf dem Wege zum Friedhof keinen Tropfen verschütteten.
Am Friedhofseingang verbarg der Xaver seine Opfergabe unter dem Mantel.
Dann schritten sie die stillen Reihen dahin, weit zurück, bis sie, nahe der Mauer, bei ein paar Bäumen, die Liegestatt des Freundes gefunden hatten.
Golden, im Märzsonnenschein, leuchtete ihnen der Name »Joseph Sedlmeier« wie eine Begrüßung entgegen.
Der Xaver sah sich ein bißchen schüchtern um, und da niemand in der Nähe war, enthüllte er den Maßkrug:
»So, Joseph, mir gratulieren dir zum Namenstag und ham dir was mitbracht – wohl bekomm's!« sagte er feierlich und schüttete langsam den Inhalt vom Maßkrug zum Joseph hinunter. Gierig und hörbar schluckte die Erde die Feuchte.
»Schmeckt eahm scho«, stellte der Ludwig befriedigt fest, und weil er gerade vor Rührung schnupfen mußte, streute er auch noch eine Prise Schnupftabak auf das Grab.
»G'schnupft hat er aa gern, der Joseph.«
Sie beteten ein »Vater unser«, gaben ihm noch Weihwasser, aber nicht zuviel, damit der Salvator nicht verdünnt würde, und begaben sich darauf erleichtert zum Nockherberg zurück, um dem Leben zu geben, was des Lebens war. Jetzt erst kam die richtige Fröhlichkeit unter ihnen auf, weil sie wußten, daß sie dem Freunde gegenüber ihre Schuldigkeit getan hatten. – Als ein paar Wochen später auf einem Spaziergange – es war schon der Maibock in der Nähe – der Xaver und der Ludwig das Grab besuchten, war der Frühling darüber hingegangen. Schlüsselblumen und Aurikeln zierten es in zärtlicher Fül-

le, und in einem Rondell in der Mitte leuchtete ein Kranz von Narzissen, daß es eine Pracht war.
Beide schauten auf die Blumen nieder, und der Ludwig hielt freudig im stillen Gebet inne und sagte zum Xaver:
»Siehgst es, guat hat er eahm too, der Salvator – grad blüahn tuat er, der alt Sedlmeier!« ...

»Bavariae Poeta Laureatus« ist ein Gedenk- und Ehrenblatt der Schlaraffia überschrieben, der Lutz jahrelang angehört hatte, getreu der Losung: Kunst, Freundschaft, Humor. Dann hängt in seinem Arbeitszimmer noch ein Erinnerungsphoto von einer Ehrung beim Gustl Feldmeier zu seinem 60. Geburtstag; Olaf Gulbransson feierte zugleich den 70. und Gustl Waldau den 80. Alle drei sieht man auf diesem Photo strahlend vereint. Für Gustl Waldau (alias Freiherr von Rummel) war es allerdings der 82. Geburtstag; er hatte sich, was ihm als Schauspieler nachgesehen werden mußte, ein bißchen jünger gemacht.

Der Gedanke an das Erlöschen des Lebens, an das Nichtmehrsein, gewinnt im Werk von Lutz immer tröstlichere, ja erheiternde Züge, so in seiner kongenialen Übertragung des schottischen Volksliedes: The little rock.

> I wollt, i waar nix wia-r-a Stoa
> und staand wo auf der Höh;
> i braucht den ganz'n Tag nix toa
> wia da sei – dees waar schö!
>
> Koa Rumg'renn gaab's, koa Rührn – sogar
> mi wasch'n taat's net gebn.
> I hätt mei Ruah glei tausad Jahr –
> Herrgott, waar dees a Lebn!

»Vertrautes Land – vertraute Leut.« Dieser Gedichtband der fünfziger Jahre wird 1968 in Pfaffenhofen neu aufgelegt. Eine große Freude für Joseph Maria Lutz. Solche Mundartlyrik ist nicht, wie leider nur zu häufig der Fall, gereimtes Anekdotisches, hier wird die Mundart zum Werkzeug echter Dichtung. So in dem Gedicht vom Föhnwind:

Leutl, heut waht der Föhnwind um's Haus –
blast er schö, poust er scho, laßt er net aus?
Lust's no, heut will euch der Föhnwind was sagn,
müaßts'n bloß, dürfts'n bloß richti ausfragn.
Sagt er, er will uns den Winter austreibn,
fragt er, wo die ersten Schneeglöckerl bleibn?
Kracht er und macht er de Buam frisch'n Muat,
lacht er und moant's aa de Madln recht guat.
Wischbert er, zwischbert er hoamliche Ding,
überall is er, nix ist eahm z'gring.
Fludert er, kudert er hi übers Dach,
d'Berg san eahm z'nieder, koa Wand is eahm z'gach,
saust er und pfaust er und draht sie und kraht,
schaugt's no grad auf, daß er neamad verwaht!

Leutl, der Föhnwind, der hat halt a Kraft,
weil er de Felder 's Wachstum oschafft,
weil er dem Auswärts a Türl aufreißt
und de grouß Kältn zum Land außischmeißt.
Blas no Herr Föhnwind, saus no dein Braus,
s'Hantisei, 's Grantisei treib der Welt aus!

Ein Grundzug im Wesen des Dichters Joseph Maria Lutz war die Liebe. Eine Geschichtensammlung von 1962 überschrieb er »Liebe kleine Welt«. Seine Liebe war die Liebe zum Kleinen.

        Kleiner Garten, wohl bestellt,
        schließt in sich die ganze Welt;
        Mühe und der Mühe Preis,
        Samenkorn und Blütenreis,
        reife Frucht auf Beet und Ast,
        stille Einkehr, müde Rast,
        Werden, Blühen und Vergehn,
        tiefen Schlaf und Auferstehn.
        Garten unterm Himmelszelt,
        kleiner Garten: große Welt!

Im altbayerischen Herrgottswinkel seines Hauses stecken die Ähren der vier Getreidearten, die Lutz alljährlich in der Holledau, in seiner Heimat, zu holen pflegte – daneben hängt eine Hopfendolde. An der Wand noch ein Schutzengel mit dem Kind, eine Klosterarbeit aus Papier und Brokatseide, ein sogenanntes »Eingericht«, und ein Hinterglasbild der Dreifaltigkeit.

Wir haben uns ein wenig umgesehen in diesem nun verwaisten Arbeitszimmer, um zu erfahren, was das für ein Mann war, der hier an diesem Schreibtisch gesessen ist. Man spricht heute soviel von Lebensqualität, die in unserer Zeit immer mehr bedroht ist. Einen Teil dieser Bedrohung hat Joseph Maria Lutz, der weit weniger zurück- als vorausblickte, früh erkannt. In einer seiner Kolumnen »Über den Zaun erzählt«, schrieb er im Ilmgau-Kurier:

> Stille? Sie ist nicht gefragt. Und dabei wäre unserer seelischen Gesundheit Stille so nötig. Denn wo keine Stille ist, da sterben die Werte der Seele und des Gemütes. Ohne Stunden der Stille gibt es kein Glück. Es wuchert nur die Unzufriedenheit. Die Technik überströmt und überlärmt unser wirkliches Dasein. Die Technik stürmt voran, wir aber leiden an Gemüts- und Herzverhärtung. Die wahrhaft großen Werke wachsen in der Stille und aus der Stille. Wer keine Stille mehr in sich hat, kann auch der Welt keine Stille und keinen Frieden bringen ... Ein Zeichen, wie wir die Stille verlernt haben und wie doch unsere Seele um Stille bittet, ist die Langeweile, die viele befällt, wenn sie nichts Äußerliches mehr zu tun haben. Sie sind leer geworden ... Es wird so viel von Vorbereitungen für das nächste Jahrtausend geredet. Das Wichtigste ist, daß diejenigen, die es erleben, es nicht als seelische Krüppel erreichen. Lassen wir uns die Stille nicht rauben. Sehen wir zu, daß der Mensch in uns nicht vom kalten Zauberlicht der Technik geblendet wird und für das wahre Leben erblindet ...

In seinem 80. Lebensjahr, am 30. August 1972, ist Joseph Maria Lutz gestorben.

A bißl wach wern in der Wiagn und woana,
a bißl trinka, na a Schlaf, a kloana;
a bißl wachs'n nacha mit der Zeit,
a bißl lerna scho, was 's Lebn bedeut;
a bißl Lacha und a bißl Müah
und schö staad spanna: iatz kimmt 's Lebn in d' Blüah.
A bißl jung sei nacha voller Muat;
wia san de Tag und wia is d' Liab so guat!
Und nacha Summa-Arbat, hoaß und gach,
da lass'n d' Sorgn und d' Müahsal gar net nach,
bis d' mirkst: der Summa is ja scho im Ziahgn
und d' Jahrl kriagn a G'wicht, je mehr daß s' fliagn. –
A bißl staader werkelst jetzt dahi
und sagst des öftern: wia i jung g'wen bi.
A bißl müad wern derfst jetzt, liegt nix droo,
a bißl schnaufa, wia-r-a alta Moo
und d' Händ in'n Schoß legn, weil s' zu nix mehr taugn.
A bißl rast'n no, a bißl schaugn,
a bißl traama und a bißl sterbn –
und a bißl Hoamaterd'n wern.

Bayerisches Bauernbrot

Max Matheis
(1894 – 1984)

Wieder einmal hab ich ihn also besucht, bin über kunstvoll gemeißelte altpassauerische Granitstaffeln in seinen Garten hinabgestiegen, habe das Haus betreten, am Eggendobl 1923 erbaut, in dem der Jugendstil nachklingt, habe mich wieder über all die Reinlichkeit gefreut und an den makellos weiß lackierten Türen ergötzt. Im Arbeitszimmer bin ich dem Hochbetagten gegenübergestanden.

Ob man ihn schon einen Klassiker nennen kann? Den Zeitgenossen einer Zeit, die nicht mehr die seine ist, gewiß. Eine Max-Matheis-Schule gibt es, eine Max-Matheis-Höhe in Nottau, zwei Max-Matheis-Straßen, eine in Triftern, seinem Geburtsort, und eine in Passau-Neustift: Ein Denkmal zu Lebzeiten ist er in mehr als einer Hinsicht. Heimat – wem sagte das noch etwas in den Jahrzehnten des Wiederaufbaus und Wirtschaftswunders, als die kleinen Räume fast etwas Anrüchiges hatten, zumindest etwas Hinterwäldlerisches, Rückständiges? Lang lagen die Zeiten zurück, als Cotta, der Erlauchte, Stelzhamer, Schmeller – und Matheis druckte. Diesen berührt es nun nicht mehr – er kann von seinem Werk nichts abstreichen, kann ihm nichts mehr hinzufügen –, daß die Welt gleichsam vom Hintereingang her wieder Zugang zu seinem kleinen Paradies gewinnt. »Small is beautiful« heißt ja das Stichwort, auf das die Jugend aus den großen Verflechtungen flieht. Ob sie auf dem Fluchtweg ins »alternative« Leben ohne Umschweife nach dem »Bayerischen Bauernbrot« greift, muß gleichwohl bezweifelt werden. Zuviel Wohlstandsgerümpel und Fortschrittsschutt liegt ja dazwischen, zuviele Brücken sind abgebrochen zu einer Welt, die festgefügt im Glauben war, im Brauch, im Herkommen. Etwas eigenartig Abstraktes haben die neuen Fluchtbewegungen, etwas Geschichtsloses – in der Vergangenheit suchen sie das Heile, nicht das Heilige, manch einer meint zu schieben – und wird geschoben.

Sechs Auflagen hat es bis heute von der Gedichtsammlung »Bayerisches Bauernbrot« gegeben, dreißigtausend Bücher wurden in fast fünf Jahrzehnten verkauft. Verdient war dieser Erfolg für ein Werk, das in die Flut späterer Mundart-Marktware hineinragt wie vielleicht nur noch Hebels Alemannische Gedichte, Grübels Gedichte in Nürnberger Mundart oder Stelzhamers Obderennsische Lieder.

Kein zu hoch gegriffenes Wort! Wie Matheis hier mit scharf geprägten, dem Volksmund abgelauschten Ausdrücken, die vorher nirgendwo gedruckt standen, haargenau trifft, wie er das Leben der Waldhirten und Mäher, der Holzfäller und Hausweber, der Steinhauer und Roßhändler, der Schwirzer und Hoabasammler vor uns hinbreitet, wie er immer traumwandlerisch den richtigen Rhythmus findet, wie er das Stampfen der Tanzmusik lautmalerisch heranrollen oder die Schwermut eines Austragsbauern in dünnen Zweizeilern vertropfen läßt, das ist meisterhaft, das ist Literatur. Mit Recht sagt Hans Carossa: »In dem ganzen Buch ist kein falscher Ton.« Und Richard Billinger: »Immer wenn mir wirklich nicht wohl ist, greife ich zu diesen Gedichten und fühle mich davon neu gestärkt ...«

Wie bescheiden hatte alles begonnen, eingesponnen in die kleine Heimat: Als Kind eines Lehrers aus Neukirchen vorm Wald im rottalischen Triftern, Landkreis Pfarrkirchen, am 28. Juni 1894 geboren (Carossa war knapp 16 Jahre alt, Billinger 4), nach der Versetzung des Vaters, ab 1900, in der Dreiflüssestadt aufgewachsen. Passauer »Präparandi«, Straubinger Lehrerseminar. Den Ersten Weltkrieg im 16. Königlich Bayerischen Infanterieregiment, dem damaligen Passauer Hausregiment, bis zum letzten Tag mitgemacht, in den Fußstapfen des Vaters als Hilfslehrer fünf Jahre in Holzkirchen bei Vilshofen, ein knappes Jahrdutzend, von 1924 bis 1935, selbständiger Lehrer in dem kleinen Walddorf Nottau.

Nottau, die wahre Trösteinsamkeit eines dichtenden Schulmeisterleins! Eigentlich eine Not-Au, eine nur mit Not (so will es der Ortsname besagen) über die steil steigende Donauleite zu erreichende Au, 240 Meter über dem Tal, vor der Kulisse des Dreisesselstocks und des Adalbert-Stifter-Landes, mitten im uralten Granit- und Graphitgebiet. In der Not-Au wurzelte der Dichter tief ein, war Lehrer und Lernender zugleich, blieb seinen Schülern Erzieher über ihr schulpflichtiges Alter hinaus, gründete 1931 eine Dorfgruppe für Volksbildung, ein Unternehmen, das damals in

Niederbayern ohne Beispiel war. Noch gab es Spinnstuben und »scheichtsame Geschichten«, Landlertänze und »Rockenreisen«, aber das alte Brauchgut war in den Jahren, als ein Kiem Pauli und ein Baumsteftenlenz schon sammelten, gefährdet. Lehrer Matheis nahm, was er hörte und sah, gab aber doppelt zurück: Die Nottauer Dirndln unterwies er im Dreistimmig-Singen, die Buben lernte er zum Fotzhobel- und Harmonikaspiel an, erzählte Sagen, trieb Geschichte, studierte Volkstänze ein, führte Theaterstücke auf. Die Lehrersfrau, das Katherl, gab Unterricht in Kochkunst und Handarbeit.

Im Winter klirrende Fröste und knackende Kachelöfen, der Schübel vermummter Schulkinder, durch das Gewachel heranstapfend und oft bis an die Knie im Schnee versinkend auf dem winterlichen Schulweg von stundenweit verstreuten Sölden und Einöden. Im Frühjahr barfuß laufende Bauernbuben – und ihr Lehrer um zwei Uhr früh auf der Auerhahnpirsch. Sommers Nächtigung im hocheinsamen Tannrevier, um den roten Bock zu erspähen, im Herbst Halali und Treibjagd. Mit Kindern und Eltern eng verwachsen – aber dennoch eine Autorität.

Was Matheis dichtete, hatte seine Wurzel in der Not-Au. In den späteren Passauer Jahren (seit 1935 Lehrer an der Nikolaschule) wurde die Ernte eingebracht. Dem »Bayerischen Bauernbrot«, das allein schon seinen Ruhm begründet hätte, wurden umfangreiche epische Arbeiten hinzugefügt, vor allem die beiden Romane »Nachbarn« und »Die Falkin«, die in großen Verlagen erschienen und von denen jeder heut im vierzigsten Tausend steht. Bayerischer Dichtung (die sich schwerer als die österreichische tut, für deutsche Literatur zu gelten,) war hier ein außergewöhnlicher Erfolg beschieden. Zu beiden Epen, voll ergreifend schöner Sprachbilder und bar jeder Süße, beglückwünschte Hans Carossa den Verfasser in mehreren begeisterten Briefen. Josef Oswald, früherer Leiter des Instituts für ostbairische Heimatforschung, hebt besonders die warm gezeichneten Frauengestalten, die Burgl in den »Nachbarn«, die Minni in der »Falkin«, hervor und sagt: »Mit seinen beiden Romanen hat Matheis dem Bayerischen Wald und den Waldlern ein unvergängliches literarisches Denkmal gesetzt.«

Der Matheis-Schüler Walter Münz schrieb 1964 im »Zwiebelturm«: »Die Gestalten in dem Roman ›Nachbarn‹ haben etwas zugleich ewig Gültiges und ewig Fremdes. Sie sprechen den Bauern in Niederbayern, in Thüringen, in Holland an wie nahe Blutsverwandte.«

In Erzählungen wie »Der Zinken Zacherl« (1949), »Ihm ward ein Kranz gereicht« (1954), »St. Engelmar und der Knecht« (1956), »Das stärkere Gebot« (1956), »Dem Abend zu« (1965) befaßt sich Matheis mit Stoffen aus der Geschichte Passaus oder des Passauer Landes.

Es geht »dem Abend zu«, auch im Leben des Dichters. Freundschaften mit großen Malern und Graphikern des Waldes wie Josef Fruth und Wilhelm Niedermayer, deren Blätter und Gemälde seine Wände schmükken, hütet er wie Heiligtümer. Orden werden ihm verliehen, Ehrenbürgerschaften zuerkannt.

Nach dem »Bauernbrot« wohl das schönste Geschenk, das der Dichter seinen Lesern zuletzt noch machte, ist sein später schriftsprachlicher Gedichtband »Spiegel einer Heimat« (1965). Neben Sprachschöpfungen wie diesen vier Zeilen aus der »Tanzmusik«:

> D'Weibaleit glüahn scho, dös is grad a Freid,
> da kriangs an Kittlwurf, da kriangs a Schneid.
> Wenn sie si einadrahn, pfeift's wia der Wind,
> blitzt's wia a Wetter auf, vornad und hint!

kann sich der »Talblick« behaupten. Ein seltener Fall, wird die Schriftsprache doch – und sei sie noch so geschliffen – in aller Regel »papieren«, wenn man sie neben die Mundsprache rückt. Matheis *lebt* in der Sprache seiner Heimat, in der es unmöglich ist zu lügen, weil sie hart am Ding bleibt; vielleicht sind seine schriftsprachlichen Gedichte darum so wahr. Der »Talblick« ist jener Blick, den Matheis in Nottau am allermeisten geliebt hat – ein Gedenkstein erinnert heute daran –, der Blick von den Wegscheider Höhen hinüber zu den Sauwaldhöhen des unteren Innviertels, zwischen denen im tiefen Einschnitt die Donau strömt, der »große fließende Magnet«:

Hier brach der Bayerwald vorlängst entzwei.
Die Donau schnitt sich tief hinein
in das Gewänd von Urgestein.
Vergangenheit ist hier noch immer nicht vorbei,
bleibt gütig formend im Gemüt.
Blick so, vom Schauen tief durchglüht,
hinab die grüne Wäldernacht zum Strom!
Da reden Strunk und Felsengnom
die Gegenwarten fort von dir.
O freue dich,
wie Höh und Tiefe sich
zu einem Lobgesang verschwistern!
Such Ruhe hier und Fried!
Will deines Tages Ungemach dich düstern,
gib es dem Strome mit!

Der Emigrant im Jägerhaus

Oskar Maria Graf
(1894 – 1967)

Wenn ich das Porträt des bayerischen Dichters Oskar Maria Graf zeichne, schieben sich meine persönlichen Eindrücke von diesem »enfant terrible« der bayerischen Literaturszene in den Vordergrund. Kurz: Ich war »Zeuge« und Oskar Maria Graf wurde zum Bestandteil meines eigenen Lebens.

Ein Jugendbekannter meiner Mutter schrieb 1931 aus Berlin: »Vor den Toren wartet Reichskanzler Hitler – geschieht heute nichts, so stehen wir vor einer Periode des vorläufigen Untergangs sozialer, politischer und geistiger Freiheit, deren Ablösung nur im Gefolge grauenvoller blutiger Wirren und Kriege zu erwarten ist. Die Uhr zeigt eine Minute vor zwölf.« Dieser Jugendbekannte meiner Mutter hieß Ernst Toller. Er wartete das große Blutvergießen gar nicht erst ab, sondern setzte seinem Leben acht Jahre später im New Yorker Exil ein freiwilliges Ende. Wir hatten die Erfüllung seiner Vorhersage vom Jahre 1931 bis zur bitteren Neige ausgekostet. Inzwischen waren drei Jahrzehnte vergangen. Ein anderer Dichter kehrte (fünfzehn Jahre nach der sogenannten Stunde Null) aus dem New Yorker Exil – allerdings nur für wenige Wochen – in seine oberbayerische Heimat zurück: Oskar Maria Graf.

Der Bayerische Rundfunk nutzte die Gelegenheit und rückte zur Aufnahme an. Emil Vierlinger, beliebter Rundfunkplauderer und geistvoller Conferencier in der Nachfolge eines Adolf Gondrell, war Erfinder und Sprecher der Sendereihe »Münchner Brettl von Schwabing bis zur Schwanthaler Höh«. Der bunte, aus Münchner Couplets und Ballmusiken, humorvollen Szenen und historischen Zitaten gemischte Bilderbogen wurde stets vor Publikum aufgenommen. Der neue große Sendesaal war erst im Bau, so mietete man das AEG-Haus am Steubenplatz. Diesmal rankte sich das unterhaltende Geschehen um ein Gespräch zwischen Vierlinger und Oskar Maria Graf. Da ich als Sprecher des Bayerischen Rundfunks mitwirkte, hatte ich Gelegenheit, von meinem Platz in der zweiten Reihe aus Zeuge dieser ausführlichen, weit in die Geschichte zurückschweifenden Unterhaltung zu werden und jedes Wort aus nächster Nähe zu verfolgen. Der Mann, der da in grünkarierter Trachtenjacke mit Herzerln auf den Ellenbogen, im offenen Leinenhemd, in Haferlschuhen, in einer unbeschreiblich speckigen kurzen Lederhose auf das Podium trat und in den Scheinwerfer blinzelte, stand in der zweiten Hälfte der Sechziger. Die heimatliche Aufmachung, sogar noch die großflächigen bajuwarischen Gesichtszüge des Bäckersohns vom Starnberger See erinnerten mich irgendwie an Joseph Panholzer, aber im Lauf des Gesprächs kam es, obwohl die äußeren Daten übereinstimmten, ganz anders.

Draufgängerischer war Graf, auftrumpfender. »Verbrennt mich! Verbrennt mich auch!!« hatte er auf einer Vortragstournee durch Österreich, von der er nicht mehr heimkehrte, den Kunstrichtern des Dritten Reichs in einem offenen Brief zugerufen, weil sie ihn bei der berüchtigten Bücherverbrennung am 10. Mai 1933 in Berlin vergessen hatten. Die Freude, sich mit einem Heimatdichter seines Kalibers zu schmücken und ihm womöglich das Prädikat »Blut und Boden« anzuhängen, hatte er ihnen gründlich verdorben. Wilhelm Hoegner (der mir später Briefe mit feingestochener Hand schrieb) sei der einzige gewesen, erinnerte sich Graf, der ihm zur Zeit seiner böhmischen Fluchtwege geholfen habe. Hoegner, Schöpfer der neuen bayerischen Verfassung, tat alles, was er für Bayern tun konnte, aus dem schweizerischen Exil. Auch der Dichter arbeitete im Grunde für Bayern und für die bayerische Literatur. In der Neuen Welt, in New York, zählte er, wenn auch als proletarisches enfant terrible, zum Kreis der Kulturbayern um Dietrich von Hildebrand, Annette Kolb, Herzog Ludwig Wilhelm in Bayern und Carl Oskar von Soden. Durch seinen Entschluß, Hitlerdeutschland zu verlassen, war er fast automatisch zu einem Kreis gestoßen, dem man ihn gewöhlich nicht zurechnet, der nämlich ein exzeptionell katholischer war.

Dem New Yorker »Bavarian Council«, dessen geistiges Haupt Soden war, gehörte Graf, wenn ich mich an seine Äußerungen recht erinnere, nicht an. Dieser »Bavarian Council«, in dem Schriftsteller wie Eugen Gürster und Annette Kolb maßgebend vertreten waren, strebte als Ziel die Autonomie Bayerns und die Föderalisierung Nachkriegsdeutschlands an – als Voraussetzung für die

Zusammenarbeit mit den Vereinten Nationen. Bekanntlich hatten aber die Siegermächte am Grünen Tisch längst ganz andere Pläne für die Stunde Null entworfen. Grafs Liebe zu Bayern konzentrierte sich auf den unglücklichen Märchenkönig, der in Berg, unweit seiner elterlichen Heimat, ertrunken war. Er sah Ludwigs Ausgestoßenheit als Schicksalsparallele, die nach seiner Meinung – wäre dem Dichter das Glück nicht hold gewesen – bis zum »Hineinstessen« (in den See) gereicht hätte. Und noch etwas schätzte er am zweiten Ludwig: seine unkriegerische Haltung und seine Liebe zur geschändeten Schöpfung. Graf leistete bis zum Zusammenbruch des Hitler-Regimes unermüdlich organisatorische Hilfe für die versprengten Emigranten, fiel aber dann aus jedem denkbaren größeren Wirkungskreis. Gleichwohl starb er nicht, wie Carl Oskar von Soden, an gebrochenem Herzen. Im Gegenteil, er wirkte, wie er sich da mit Vierlinger unterhielt, immer noch robust.

Soweit lauschte ich zustimmend, schmunzelnd, atemlos. Aber dann kam die Ernüchterung. Graf erzählte, er habe, als er aus der Bäckerfron in die Schwabinger »Journaille« flüchtete, nur Oskar geheißen. Vierlinger fragte ihn, woher er dann den Mariennamen genommen habe, ob das mit einer gewissen Muttergottes-Verehrung des Altbayern zusammenhänge. Auch ich dachte an ein Bekenntnis zur Schutzfrau Bayerns. »Naa, naa!« erwiderte Graf trocken, »überhaupt net! I hab oafach an Doppelnam braucht wiara jeda Journalist, a weng an literarischen Nam (vermutlich war ihm der »Rainer Maria« aus der Ainmillerstraße vorgeschwebt), und da hab i gmoant: Oskar Maria, des klingt guat.« Vierlinger war auf eine so ernüchternde Antwort nicht gefaßt gewesen und hatte Schwierigkeiten, den Faden des Gesprächs wieder aufzunehmen.

Der Schlußapplaus war verrauscht, nun stärkten sich die Mitwirkenden im schönen klassizistischen Jägerhaus des nahegelegenen Hirschgartens. Oskar Maria Graf saß, wenn man unter dem ausladenden Hirschgeweih eintrat, gleich linkerhand auf der Eckbank zwischen Tür und Fenster, mit dem Rücken zur Außenmauer, das Gesicht uns zugekehrt, die wir ihn umringten wie ein Weltwunder. Vierlinger saß rechts neben mir, links Fredl Sporer, der die Geiger und Bläser geleitet hatte.

»Oberassel« Karl Theodor Langen von der Katakombe hielt eine launige Rede und hängte dem Heimkehrer einen Kranz irdengrauer Enzianflaschen um den Hals. Niedergedrückt von der Last seiner Kette, die ihm bis zum Bauch herunterbaumelte, konnte er sich nicht erheben, versuchte es vielleicht auch gar nicht, als er zum lächelnden Spott gegen sich selbst ausholte: »Für einen Provinzschriftsteller zu viel der Ehre.« Er spielte auf seine Visitenkarte der Zwanziger Jahre an, die ihm eine gesunde Portion Selbstvertrauen, ein untertreibend-auftrumpfendes voralplerisches »Grad mit Fleiß« bescheinigte. Ich hätte inzwischen die Benennung »Sozialistischer Heimatdichter« als treffendste vorgezogen, den auch Brecht genau gelesen haben muß. Da saß er zum Anlangen nah vor mir, noch deutlich als der zu erkennen, den Walter Schulz-Matan gemalt hatte (es war 1927 gewesen): den rechten Daumen im Hosenträger, die Zigarette in der Linken, Bleistifte in der Reverstasche, offen das kragenlose Hemd, mit proletarischem Imponiergehabe vor proletarischen Hinterhoffassaden. Ich konnte mir dieses frühere Gesicht Grafs, das Matan gemalt hatte, die spitzigen Mundwinkel, die grobflächigen Backenknochen gut in die gegenwärtige gealterte Physiognomie hinein fortsetzen. Auch sein Briefbogen, den ich bei meinem Rundfunkkollegen Olf Fischer auf dem Schreibtisch liegen gesehen hatte, mit um den Rand herum aufgezählten Werkstiteln, drückte ja das alte Selbstbewußtsein aus. Ich bewunderte diesen Mann, der sich selbst und uns eine noch nie dagewesene, unwiederholbare Welt geschaffen hatte. Aber er wäre nicht Oskar Maria Graf gewesen, wenn er mir nicht neuerdings eine herbe Enttäuschung bereitet hätte.

Ich hatte seit einem nächtlichen Gang durch die Theatinergasse im Herbst 1942, als ich von den im Schatten des Mondlichts dunkel hervortretenden Voluten, Stuckornamenten, Erkern und Zwerchgiebeln geradezu berauscht gewesen war, nicht mehr aufgehört, alles Städtische in Feder- und Kohlezeichnungen festzuhalten. Ich hatte, nachdem das Schreckliche des Bombenkahlschlags Wirklichkeit geworden war, sogar begonnen, das wenige Erhaltene zu inventarisieren und aufzulisten. Ich fragte daher, in der Gewißheit, auch Graf, der ja das alte München wie seine Westentasche gekannt haben mußte, würde die unfaßbaren Verluste an städtebaulicher Schönheit bedauern; »Wie finden Sie nach so vielen Jahren der Abwesenheit München heute?« Graf überlegte einen Augenblick, dann sprach er es aus, jenes für mich unbegreifliche Wort: »Ich finde, München ist schöner geworden.« Ich schwieg eine Weile und hakte dann nach: »Trotz aller Verluste?« Graf schien wirklich nicht zu verstehen, auf was ich hinaus wollte. Mit Ornamenten und Baustilen schien er sich nicht befaßt und Münchens dichte Urbanität als etwas ganz Gewöhnliches genommen zu haben. Er hatte nur die Patina der Jahrhunderte in Erinnerung, mit der allerdings die Bomben gründlich aufgeräumt hatten. Unbekümmert und ein wenig burschikos wiederholte er: »Ich bleibe dabei. München ist schöner geworden, freundlicher, heller.«

Das Adjektiv »freundlicher« bezog sich eindeutig auf den überwundenen Spuk der »Völkischen«. Als er aber den Eindruck der »Helligkeit« hinterherschob, konnte er nur die von amerikanischen Bombergeschwadern in den Leib der Stadt gerissenen Lücken meinen, die öden Flächen, durch die weithin Thomas Wimmers Ruf »Ramma dama«! hallte, in die nur gelegentlich ein Wiederaufbau des Alten gestoßen war wie in Wien oder noch deutlicher in Warschau, wo die Wiederherstellung des Dahingegangenen als Wiederherstellung des Eigenen empfunden wurde. In die Münchner Öde war die amerikanische Moderne, war ein grelles Make up eingebrochen. Graf gestand übrigens dem Gesprächspartner Vierlinger, nach fünfundzwanzig Jahren Aufenthalt in New York noch kein Wort englisch zu verstehen: »I brauch net englisch könna«, behauptete Graf, »i geh, sag ma-r-amoi, in da hundertachtadreißigsten Straß in a Bierboazn; steht da a Neger an der Schenk mit an Bier vor seiner; i stell mi mit mein' Bier dazua. Mir schaung uns o, toan an Schluck, schaung uns wieder o – und verstenga uns.«

Daß Graf die fremde Sprache so sehr mied, war nach meinem Verständnis in erster Linie ein Akt der Heimaterhaltung. An die Wand neben seinem Schreibtisch hatte er einen Farbdruck des Märchenkönigs gespießt. Er lebte, wenn er auf seiner aus der Heimat mitgebrachten Schreibmaschine tippte, ganz in der Erinnerung, brachte seine Erinnerung in einer bayerisch gefärbten deutschen Sprache zu Papier und hatte nie etwas anderes am Leib als die nun schon drei Jahrzehnte überdauernde, unappetitlich speckige kurze Lederhose. Das fand auch der junge und korrekte Oberbürgermeister Hans Jochen Vogel, der die Hände über dem Kopf zusammenschlug, als er hörte, Graf gedenke allen Ernstes, mit diesem abstoßenden Unikum die Bühne des vom Staatssekretär Joseph Panholzer geretteten vornehm-feierlichen Cuvilliés-Theaters zu besteigen und vor befrackte, mit Ordenssternen geschmückte Würdenträger hinzutreten. Panholzer etwa, gleichfalls ein Lederhosenträger, hätte gewiß die Würde dieses Hauses gewahrt und sich hier nicht anders als im Frack, mindestens im Abendanzug gezeigt. Am wahrscheinlichsten hätte er die festliche Sonntagstracht angelegt und seinen Gamsbarthut aufgesetzt. Graf waren solche Rücksichten auf die »Gwappelten« wurscht.

Und er wurde in seiner bockigen Haltung ausgerechnet von Hanns Vogel, einem leitenden Beamten des städtischen Kulturreferats, bekannt unter dem Spitznamen »Kulturvogel«, unterstützt, einem jedes rötlichen Hauchs unverdächtigen konservativen Altbayern. Vogel war menschlich untadelig, vom knorrigen Ton des Münchner Brezenreiters (den er am Heiliggeistspital zu neuem Leben erweckte), immer fürs gute Alte eingenommen (darum hatte er die von mir vorgeschlagene Rückbenennung einiger Münchner Gassen kräftig gefördert), erzkatholisch und später sogar vorsichtig für Erzbischof Marcel Lefèbvre. Wie um zu beweisen, daß franziskanischer Kreaturschutz ein katholisches Uranliegen sei, war er rühriges Vorstandsmitglied im Tierschutzverein und Mitbegründer des Tierasyls an der Riemer Straße. Hanns Vogel, bayerischer Lebensart und bayerischem Brauchtum verbunden, rechnete es sich zur Ehre an, Oskar Maria Grafs Münchner Tage mit Gastereien und Gesprächen zu verschönen. Die Münchner Kunstbetreuer von Grafs politischer Couleur waren, im Gegensatz zu Vogel, samt und sonders Zugezogene, nicht einmal der bayerischen Sprache mächtig. So wurde Hanns Vogel dem bayerischen Emigranten zum Rettungsanker. Ihn, als letzte zuständge Instanz, fragte Graf (dem Zweifel gekommen waren), ob er im Cuvilliéstheater in der liebgewohnten kurzen Lederhose auftreten dürfe. Hanns Vogel bestärkte ihn mit Nachdruck: »Sie schon! Sie haben sich ein Leben lang zu Bayern bekannt und sich auch in Amerika als Bayer zu erkennen gegeben. Sie schon!« Vogel bemühte sich auch, Graf ganz in München zu halten. (Leider vergeblich; nur die Asche des Dichters kehrte in seine Heimat zurück.)

Wie gesagt, Graf war um alles in der Welt nicht von seinem Vorhaben abzubringen, auf den Brettern des Cuvilliéstheaters in der kurzen Lederhose aufzutreten. Da verehrte ihm die Hauptstadt offiziell im Rahmen eines von der Presse amüsiert verfolgten kleinen Rathausempfangs eine ebenso kurze und echte, aber neue und blitzsaubere Lederhose, mit der er sich dann auch auf der Bühne des Cuvilliés-Theaters zu zeigen bequemte. Trotzdem wurde er dort oben wie ein unzeitgemäßer Sonderling bestaunt. Graf, der es meisterlich verstand, jeweils zum falschen Zeitpunkt das Richtige zu äußern, wurde hier, im festlichen Rahmen, obwohl es zu Herzen gehende Dinge waren, die er vorbrachte, nur von der amtlichen Elite gehört. Noch gab es keine Neue Linke, die vielleicht begriffen hätte, worum es ihm ging. Festhalten kann man jedenfalls, daß es durchwegs Norddeutsche waren, die er mit seinem eigensinnigen Beharren auf der »Sepplhose« schockierte.

Das alles liegt nun viele Jahrzehnte zurück. Mich erschüttert heute noch Grafs 1936 in Basel-Zürich veröffentlichtes Erinnerungswerk »Der Abgrund« (später erschienen unter dem Titel »Die gezählten Jahre«), eine Anklage, die Jean Amery zu der Bemerkung bewog, daß der Volksschriftsteller und Realist Oskar Maria Graf »zwischen allen Stühlen gesessen« ist. Geradezu märchenhaft frisch geblieben ist in meinen Augen der aus Grafs Büchern »Frühzeit« und »Schritt für Schritt« hervorgegangene Erstling »Wir sind Gefangene« mit kontrastkräftigen Impressionen von der Schwabinger Prolet-Bohemienzeit, eindringlich als Sprachkunstwerk ist die »Chronik von Flechting« und beklemmend nach wie vor der satirische Roman »Anton Sittinger« mit Grafs authentischer Schildung des Spießer- und Kleinbürgertums, das den unaufhaltsamen Aufstieg Hitlers erst möglich machte. (Graf schildert genüßlich, wie ihm der spätere »Führer« einmal im Schellingsalon zwei Stunden lang sein Programm erläuterte. Der Dichter aß unterdessen eine Dampfnudel nach der anderen und gestand, als es ans Zahlen ging, daß er kein Geld dabei habe. Als Hitler wütend wurde, sagte Graf trocken: »Ja moana Sie, i hör mir Eahnan Schmarrn umasunst o?«).

Grafs »Kalendergeschichten« muten mich wie jüngst geschrieben an, sind gültig für die Gattung geblieben. Als letztes »Riesenbuch« veröffentlicht Graf 1966 den zweiten Teil seiner Autobiographie: »Gelächter von außen. Aus meinem Leben.« Ein Jahr vor seinem Tod legt er ein Resümee dieses unverwechselbaren Lebens vor, das trotz gelegentlicher Ansätze zur Selbstkarikatur immer Bewunderung abnötigt.

Das im Exil in englischer Übersetzung (»The life of my mother«) erstveröffentlichte, später bei Desch in deutscher Sprache herausgekommene »Leben meiner Mutter« ist mir – gerade im Gegensatz zur sonst nur zu oft gewollten »Riesen-Trivialität« – immer wieder als eines der schönsten Bücher erschienen, die Graf geschrieben hat, ja, die man überhaupt in deutscher Sprache kennt. Thomas Mann nannte dieses Werk »ein Monument der Pietät und Liebe, ein in seiner Art klassisches Buch«. Gäbe es nichts anderes von ihm als diese sechshundert Seiten, sein Ruf als einer unserer bedeutendsten Dichter wäre gesichert.

Warum mutet man uns zu, all das zu vergessen?

Wugg Retzer
(1905 – 1984)

... alles was gefährdet is, kann man gar nimmer mehr schützen. Manches geht einfach z'grund. Wenn ich heute durch diese modernen Siedlungen komme, die neben die Dörfer entstanden san, da kann i bloß an Kopf schütteln. So was hätt man früher net baut. Und heit steht des hoit da. Und wenn ich zum Beispiel 's Laaber-Tal nunterfahr, von mir dahoam, net wahr, von Laichling, von Eggmühl nunter – ... bis zur Isar, zur Donau, des is so, wia wenns Land an Ausschlag hätt, und zwar, wia wenn lauter Eiterpickel an Häuser aufbrocha waarn, des hört gar nimmer auf.

Der so bewegt Klage über die Zersiedelung und Versiegelung unseres Landes führte, gehört zu jenen unwiederbringlichen Gestalten, mit denen eine ganze Zeit dahinging. In seinem Fall war es die Zeit eines breiten altbayerischen Behagens, das sich weniger im Schreiben als im Reden kundtat, besser: im Sagen – und wohl auch im Verschweigen. Das Beste entstand im Augenblick; die Stimme des Erzählers schwang mit in jeder Zeile. Als bekanntestes Beispiel für solche Kunst sind uns die Stegreifgeschichten von Wilhelm Dieß geläufig. Dieß hat uns schon 1957 verlassen. Wugg Retzer ist ihm am 15. April 1984 – wir wollen die gängige Floskel »in den weißblauen Olymp gefolgt« vermeiden, nein – er ist heimgegangen zu den Vätern; das paßt eher zu ihm. Denn von den Vätern hat er – im Gegensatz zu nachfolgenden Generationen – viel gehalten. Gottlob ist uns seine Stimme in zahlreichen Aufnahmen erhalten geblieben, und zum Glück hat er in einem 1975 geführten Gespräch so viel von sich erzählt, daß wir uns die Biographie des niederbayerischen Erzählers Wugg Retzer fast ausschließlich aus seinem eigenen Mund anhören können, so ungeschminkt und herzhaft, manchmal grantelnd (auch der Grant gehört zu den Wesenszügen des Altbayern) wie wir es gleich zu Anfang gehört haben.

Wie dem Wugg seine Mutter von ihrer Waldheimat in den Gäuboden hinausgeheiratet hat, und wie ihr Kammertwagen schon aus dem Elternhof hinausgefahren ist, da ist die Großmutter nachgelaufen und hat noch einen Widlkorb aufgelegt. Das ist ein holzgeflochtener Korb, wie er zum Hineintun von Wollknäueln und Garnrollen dient. Eine Handvoll Winteräpfel hatte sie eingepackt, einen Laib Brot mit dem Hausstempel in der Rinde und ein Wachsstöckl für die Armen Seelen. Auf einem Kammerwagen ist eine solche Gabe nicht der Brauch gewesen; die Waldlergroßmutter hat es sich selber ausgedacht. Für den Wugg aber gelten die Äpfel, der Brotlaib und das Wachsstöckl zeitlebens als ehrwürdiges Geschenk an eine junge Braut. Und bei jedem besonders glücklichen oder auch traurigen Erlebnis ist von nun an daheim die Rede gegangen: »Tua's in dein Widlkorb!« Ihm selbst aber, so spinnt später Wugg Retzer diese Begebenheit zum Gleichnis aus, ihm selbst habe Haslbach einen Widlkorb mitgegeben, den Korb mit seiner Kindheit drin. Es ist ein Widlkorb voller Geschichten.

Geboren ist Wugg Retzer am 12. Juli 1905. Auf die Frage, wo er aufgewachsen ist, sagt er:

Des erzähl i ganz b'sonders gern. I kannt sagen in Niederbayern, denn da san mir ja b'sonders stolz drauf, aber i muß' genauer machen: in Oberhaslbach, Pfarrei Ascholtshausen, Bezirksamt Mallersdorf, Königlich-Bayerisches Bezirksamt Mallersdorf. Königlich-Bayerischer Bezirksamtmann, wenn der mit der Fronleichnamsprozession gangen is, mit seiner Beamtenuniform, mit seinem Degen und seinem Schiffhut, da hat er was gleichg'sehen. Und ich habe voriges Jahr in Dachau miterlebt, wie der Landrat von Dachau bei einem Dachauer Fest plötzlich in der alten Bezirkshauptmannuniform erschienen ist, der war was, der hat was vorg'stellt, da war's Amt um ihn rum.

Und der Vater von Wugg Retzer, was war der?

Der war Lehrer, d' Mutter war aa Lehrerin. Er war zuerst in Mainburg, d' Mutter war im Wald drin, und dann hams gheirat und ham als ersten Dienstposten Oberhaslbach kriagt. Und da war i dann a Zeitlang, das war eine junge Ehe, d' Großmutter hat im Boarischen Wald drin glebt ...

Ein Lehrersohn also wie Wilhelm Dieß. Und auch sonst hat er mancherlei mit dem großen niederbayerischen Erzähler gemein, die Landschaft vor allem, die Landschaft eines Peinkofer, eines Matheis, eines Schrönghamer, eines Lautensack.

Und dann bin i in Boarischen Wald neinkomma, auf'n Christlhof in der Lam, a paar Jahr, da warn die Verwandten drin, das san die Vogel vom Christlhof ...

Ob er einmal in Příbram gewesen ist?

Naa, aber meine Großmutter. D' Großmutter war jedes Jahr, solang sie Bäuerin war, im Pschibram.

Es hat eine feste Grenze gegeben zwischen Příbram und Altötting, die ungefähr bei Grafenau verlief; südlich von Grafenau ist man nach Altötting gewallfahrtet, nördlich nach Příbram bei Prag.

... Unsere liebe Frau von Pschibram, das war also für mi in meiner Kindheit einfach a Begriff. ... Ja, das war jed's Jahr, und a paarmal in ihrem Leben is sie auf Altötting gangen. Da is' z' Fuaß gangen.

Die Großmutter ist es auch gewesen, die dem Wugg zu seinem eigenartigen Vornamen verholfen hat. Getauft war er »Ludwig Maximilian«, die Großmutter hat aber immer »Wuggerl« zu ihm gesagt, weil er so einen Lockenkopf hatte.

Laut Schmellers Bayerischem Wörterbuch: Die Wuckel, französisch la bouche: Wuggele. Haarwuckl, Haarlocke. Das Ohrwuckerl, bouche d'oreille. Der Rauchwuckl, der Rauhgelockte, der Teufel. – Wuggerl, Wuggl, Wugg.

Und die Mundart vom Wugg Retzer, wo muß man die hintun?

Die muaßt ansiedln eigentli in Unterlaichling halt, da is a Trumm Niederboarisch dabei, da is a Trumm Oberpfalz dabei und da is aa von dahoam her a Trumm Waldlerisch dabei; d' Mutter hat dahoam nur waldlerisch gsprochen. Auch d'Großmutter is dann später zu uns kommen, und die hat aa bloß waldlerisch gredt und so mischt sich des.

Da Vadda wollte Dirigent werdn. War mit einem Amerikaner, der Dirigent worn is, Meisterschüler vom Ciril Kistler in Bad Kissingen. Und des war für an jungen Hilfslehrer allerhand, weil er si des selber absparn und zoin hat müaßn. Und er hat Zeit seines Lebens komponiert, und er hat Zeit seines Lebens einen guatn Kirchnchor ghabt, wenn aa an kloana. Es war mehr die Familie und oiwei wieder vom Dorf a paar Sänger und Sängerinnen, und er war ein begeisterter Wagnerianer. Die ganzen Klassiker, die san bei uns dahoam hoit newan Klavier glegn, und es ist kaum a Tog vaganga, daß da Vadda net amoi a hoibe Stund am Klavier g'sessn ist. Wos i eigentlich nicht g'hört hab bei uns, des war Bach. Aber sonst ois.

Auf die Frage, was für ein Komponist und was für ein Stück ihm am liebsten ist, sagt er, wie aus der Pistole geschossen:

Ja, ich habe ein Lieblingslied, des is »Der Tod und des Mädchen«. Des is ganz eigenartig. Des mog i.

Vorüber! Ach, vorüber!
Geh, wilder Knochenmann!
Ich bin noch jung, geh, Lieber!
Und rühre mich nicht an.

Gib deine Hand, du schön und zart Gebild.
Bin Freund und komme nicht zu strafen.
Sei gutes Muts! Ich bin nicht wild,
sollst sanft in meinen Armen schlafen.

… Aber sonst is' d'Volksmusik … Scho vor i an Kiem-Pauli kennaglernt hab, bin i dieser Volksmusik nochganga, und wenn i hoit wo a Tanzmusi g'hört hab, oder wenn i wo 's Kartoffigmüas' g'hört hab, des ist der Trauerchoral der dörflichen Kapellen gwesn, bei Kriegerbegräbnissen und so. Da Vadda hat's »Kartoffigmüas« ghoassn. Weil's so traurig war. Er hat hoit an a Kartoffigmüas denga müaßn, des werd a net megn ham. Aber da bin i weit ganga und so was hob i net oft gnua hörn könna.

Wieder also ist es das Traurige, nicht das Lustige, was ihn anzieht.

Das reine Waldlerische, das ist gar nimmer da. Aber wenn i zum Beispiel d' Stoiber-Buam oder an Stoiber selber blasn hör, das ist waldlerisch.
… Oder wenn i d'Lamer Sänger singen hör, oder d'Lindberger, d' Lindberger oder d'Lamer – da draah i in dem Fall d'Hand net um …
I bin aufgwachsn in Unterlaichling mit der Kapelle … von Schierling …

Des warn no richtige Musikanten. De ham Neijohr blosen und zu de großn Namenstag – also die Namenstag von die Großbauern – san s' kumma und ham a Standerl gspuit.

Des warn noch die altn Musikanten, die gibt's nimma, des ist aus. Heit hör i natürlich in Schierling in der Nachtbar, im Nightclub – genauso amerikanische Wuisel-Musik ...

Unterdessen geht der kleine Wugg Retzer auf die Volksschule von Oberhaslbach. »Zwergschule« sollen später diejenigen sagen, die es ganz genau wissen.

... 's hot nix Scheeners gebn als die ungeteilte Schule auf die Dörfer draußt. Do hot ma nämlich profitiert. Da hot man sechs Johr lang, siebn Johr lang mitghört, was die andern vorgsetzt kriagt ham. Und do is scho was hängabliebn. Vo koana Schui is ma so vui hängeblieben wia von de paar Johr Volksschui, i sog das ehrlich. Und es war aber so: die ABC-Schützen, die also 's Lesn lerna ham müaßn, die hot der Vadda oiwei vo der Schui rübergschickt ins Lehrerhaus zu da Muadda. Und bei der Muadda ham de 's Lesn lerna müaßn. Und do bin i hoit dabeigsessn. Des is ganz schnoi ganga. Des is hängabliebn. Und amoi san ma mitn Vadda vom Hoiz hoamkomma, und dann bin i so vorm Haus stehbliebn, des ham s' ma oft erzählt, und hob glesn, daß über unserer Haustür steht »Schulhaus«. Na hot a gsogt, kannst du des lesn? Hob i gsogt ja. Na hot er gsogt, des möcht i jetzt genau wissn. Er is no amoi ins Haus nei, dann hot a ma a Drum Zeitung gebn, jetzt les' do amoi! Na hob i's hoit glesn, net.

Da is er na draufkomma, daß i des konn – na ja 's kloane Einmaleins und was hoit bei de ABC-Schützen g'übt worn is, des hot ois d'Muadda gemacht.

... Im Dorf gibt's überhaupt koa Schui mehr. Es gibt koan Lehrer mehr, es wird jetzt aa boid koan Pfarrer mehr gebn. Es gibt koan Handwerker mehr, es stirbt ab.

»Es stirbt ab« – sei es der Handwerker, sei es der Bürgermeister, sei es der Bauer – es stirbt ab ... Die Handwerker von Oberhaslbach um 1911. Warum mutet man uns zu, das zu vergessen?

Stundenlang saß der Bub neben dem Schusterstuhl auf der Bank. Wenn der Schuster den Zwirn durch den Pechbatzen zog, stiftelte, nähte und nagelte, pfiff er vor sich hin oder unterhielt sich mit den Schuhen über die Unarten ihrer Besitzer. »O mei, Kamerad«, sagte er, »dir kennt ma 's o, daß d' am Sellmer Wastl ghörst, der hat zwee linke Haxn – und a Schwiegamuada.« Einen Halbschuh fragte er: »Aha, 's Fräulein Sopherl! Durch was für an Zaun seid's denn ihr durchgschloffa, weilst gor a so derkraillt bist?« Brachte man ihm ein Paar zum Doppeln, räumte er die Schuhe auf seinem Podest mit dem Fuß zur Seite: »Geht's weg, Bauerntrampel! Zwee Invalidn kemma.«

Gern sind die Haselbacher Kinder auch zum Wagner in die Werkstatt gegangen. Der Blonner ist ein ernster, stiller Mann gewesen, der aber immer so tat, wie wenn er die Kinder notwendig bräuchte. »Jetzt kimmt a Huif«, hat er dann gesagt; »magst ma net dees Brettl hobln?« Die Kinder haben das Brett in die Hobelbank eingespannt, er hat ihnen einen alten Hobel gegeben, und dann haben sie gewerkelt wie die Wilden.

Der Schmied Lenz ist dem Wuggerl sein bester Freud gewesen. Er hatte bei den Ulanen gedient, und wenn er Zeit gehabt hat, haben die Kinder die Photographien von seiner Dienstzeit anschauen dürfen. Einmal zeigte er dem Wugg in der oberen Stube sogar die Lanze mit dem weißblauen Fähnlein an der Spitze. Die Zeit bei den Ulanen war für ihn das Höchste. Und oft fragte er, was das nur für Soldaten sein werden, wenn es einmal keine Reiter mehr gibt.

Im Auswärts einmal hat ihm der Wugg wieder am Amboß zugeschaut. Durch die offene Werkstattür hat man hinübergesehen zur Straße am Aisberg. Es ist bald Mittag gewesen und die Bauern haben vom Eggen herumgetan, da läßt der Lenz den Hammer fallen, wirft das heiße Eisen mitsamt der Zange neben die Glut hin und stößt den Buben auf die Seite. Er rennt aus der Werkstatt hinaus, packt im Hof ein Wagenbrett und stellt sich damit an den Wegrand. Dem Buben schreit er zu: »Bleib drin.« Der Wugg hat sofort gesehen, daß dem Sperlbauern die zwei Fuchsen ausgekommen sind drüben am Aisberg, zwei schwere Rösser, und in das Dorf hereinjagen. Jetzt sprengen sie um das Kriegerdenkmal herum in gestrecktem Galopp, ganz irr vor Schrecken, die Straße herauf. Auf den Strängen tanzt ein Wagscheitl hinter ihnen nach. Der Lenz schaut ihnen entgegen und rührt sich nicht. Das Brett hat er im Arm wie der Kasperl seine Pritsche, und kurz vor den Pferden reißt er es in die Höhe. Die Rösser bäumen sich auf, daß man meint, sie kippen hintenüber; der Schaum fliegt ihnen von den Mäulern; aber der Lenz hat sie schon am Halfter und hält ihre Köpfe baumfest. Er redet ihnen auf eine seltsame Art zu, ganz ruhig und gut, und wird nur lauter, wenn sie noch einmal aufmucken möchten. Bis der Sperl nachkommt, klopft er ihnen schon den Hals und hat sie zahm, wie es sich gehört.

Von diesem Tag an wäre der Bub, so erinnert er sich später, für den Schmied Lenz durchs Feuer gegangen. Jetzt erst wußte er, was ein Ulan ist, und er hat es nie mehr vergessen.

Im heutigen Haslbach gibt es keinen Schmied mehr, keinen Wagner und keinen Schuster, und in Bayern kaum noch einen Ulanen. Der Sohn vom Schuster hat das väterliche Handwerk aufgesteckt und arbeitet auf der Bahn. Beim Wagner machen sie Möbel für ein großes Versandgeschäft in der Stadt. Aus der Schmitten ist eine Reparaturwerkstätte für Autos und Bulldogs und eine Tankstelle geworden.

Wugg Retzer bekennt:

> Ich lebe aus der Heimat und die Heimat lebt in mir. »Stolz auf die Heimat«: echter Stolz, falscher Stolz? Bin ich auf meine Heimat stolz? Ist die Heimat stolz auf mich? Ich weiß es nicht; aber ich weiß, wie froh ich bin, daß ich sie habe. Heimat ist mein Leben. Sie ist geblieben, sooft auch die Lehensmänner vor mir gewechselt haben. Die Lehensmänner vor mir: Das sind meine Ahnen.
>
> Was an Heimat haben sie mir vermacht und vererbt? Was von ihnen lebt in mir? Von einem einschichtigen Invaliden, der im Armenhaus unseres Dorfes von der Gemeinde lebte, habe ich als junger Mensch einen guten Rat bekommen: »Bua, wennst wissen möchst, wo's higeht, nacha muaßt umschaugn.«

Ein erster Abschied: Versetzung des Vaters nach Unterlaichling.

... Da san ma 1911 hikomma ... Haslbach hat die Bahnstation Steinrain und Unterlaichling hat die Bahnstation Eggmühl.

Es ist jenes Eggmühl, wo die Bauern immer wieder Kanonenkugeln aus dem Boden geackert haben.

Ja, die Schlacht bei Eggmühl ist hochinteressant, deswegen, weil sie in Frankreich heute noch als Musterschlacht vom Napoleon gilt. Do komma oiwei wieder Offiziere von de französischen Kadettenschuin, kommen nach Eggmühl und schauen sich des Schlachtfeld an.

Über das bekannte Kobell-Gemälde meint Retzer:

Des ist a wunderschöns Bild. Es gibt die zwoa Bildner: Des oane ist der Feldherrnhügel, da siehgt ma an Napoleon, und da siehgt ma aa Unterlaichling, an Kirchturm vo Unterlaichling. Und hinterm Kirchturm geht der Deisenberg nauf. Diese kleine Anhöhe mit am Woid. Da is jetz a wunderschöner Lärchenwald drom. Und da is neben dem Wald diese österreichische Batterie gstandn, die die boarischen Schwolescheh (Chevaulegers) gstürmt ham. Und des andere Bild, des hängt im Pfarrhof in Schierling, des is des Buid, wo der blinde Pfarrer übers Schlachtfeld geht, mi'm Allerheiligsten.

1915 kommt Retzer nach München, aufs Gymnasium.

... 's Wittelsbacher Gymnasium. Mein Onkel hat in Nymphenburg a Einfamilienhaus ghabt, des war der Zugführer Retzer; der is dann gstorbn und da war dann mei Großmuadda und mei Tante. ... Da war i dann neun Jahr lang am Wittelsbacher Pennal, bis si mi nausgschmissen ham ... jedenfalls hab ich die 9. Klasse dann in Landshut wiederholt, da war i im Himmel, da war i im Paradies ...

Es war das jetzige Hans-Carossa-Gymnasium.

Ja, in der Freyung hinten. In der Neustadt hab i gwohnt bei einer Studentenmutter. Fräulein Dumrauf hat di ghoaßen. Und da bin i so hint nüberganga. ... Die Stadt ist unvergleichlich schön ...

Es war eine richtige Bürgerstadt, die Bürger, die haben was dargestellt. Es gab jeden Tag den Korso nachmittag um Fünfe in der Altstadt, da is man auf- und abganga und hat sich begrüßt wia sonst in München am Sonntag an der Feldherrnhalle, so war das in Landshut jeden Tag. Es war wirklich schön. Und ich kann nur wiederholen, i hab's schon öfter gsagt, wie mich damals diese Landshuter aufgenommen ham, i bin ja schließlich als Großstadtfrüchterl kommen, war unvergleichlich.

I bin einfach in den Schulsaal neiganga und hab dazughört.

Und dann kam die Uni-Zeit. Der Vater hat gsagt, du wirst Jurist. Aber dazu hab ich keinen Magen ghabt, bei mir is halt allweil scho 's Schreiben rausghängt.

I bin aufgwachsen mit an riesigen Bücherkasten ...

Der Professor Kutscher, des war also mein ein und alles. An Professor Strick für Literatur, an Professor Huber für Logik und an Pfänder, glaub ich, hat der gheißen, für Philosophie.

Ich hab mit dem Professor Huber dann erst wirklich, sagen wir a mal, ich hab ihn erst richtig verehrt übern Kiem Pauli. Beim Kiem Pauli bin i wieda mit eahm zammkumma, und da war er natürlich plötzlich a ganz anderer Mensch als wia da Logik-Lehrer an der Universität, wo ma zu 100 oder 120 bei ihm sitzt; nix Persönliches.

Um 1929 rum hab i an Kiem Pauli kennenglernt.

Na, es is so gwesn, i hab in der Laimer Straße gwohnt in Nymphenburg, und ums Eck rum, in der Wotanstraße hat der Kiem Edi gwohnt, ... da Bruada. An Kiem Edi ha ich guat kennt. Natürlich, i moan, es warn ja nur a paar Häuser, ma hat sie allweil troffen. Und da is aa der Pauli des öfteren hinkommen und da hab ich ihn also das erste Mal gesehen. Und ins Preissingen nach Rottach-Egern haben mi ja die Münchner Neuesten Nachrichten geschickt.

Auch beim niederbayerischen Preissingen im Jahr darauf, in Landshut, war Wugg Retzer dabei.

I woaß bloß no, daß i nie wieder einen Saal so eidruckt voll gseng hab wie diesen Leiderer Saal an der Papiererstraß', da is überhaupt nix mehr neiganga. Über d' Stiagn nauf san s' gstandn.

Da warn zwoi Schwestern, die ham den ersten Preis gekriegt beim Preissingen. Und dann war ein Vater da mit vier oder fünf Buam. Und dann hat der Kiem Pauli gsagt, öffentlich zu de Schwestern: Schaut's die Buam o, die hätten den zweiten Preis gekriegt. Wenn ma de Buam so oschaugt, des is a solche Freud! (Er hat immer oan am Arm ghabt, de Herr von Böckmann hat an andern, den kleinsten glaub i, am Arm ghabt.) Geh, gebt's doch de Buam an ersten Preis und nehmt's ihr an zweiten. So genau geht's doch ned! Da ham die zwoa Schwestern gsagt: Ja, des is uns recht. Es war wunderschön.

Das waren die Geschwister Ettl von Konzell mit dem Straahrecha-Lied.

Ja, in der Universität war ich. Ich hab des genossen. Ich bin in meine Vorlesungen ganga – Und dann bin ich eines Tages auf die »Argonauten« aufmerksam wordn ... das war eine Vereinigung wia später der Tukan-Kreis.

Die »Argonauten« san gegründet gewesen vom Doktor Ernst Heimeran, vom jungen Verleger. Und ihm freundlich zur Seite, muß i sagn, stand der Schwoger, der Ernst Penzoldt. Und da gab's ja damals an jungen Alverdes, und es gab an Hans Brandenburg, es gab no an Hans Reiser, und wia s' alle ghoaßen ham ...

Der Hans Reiser hat a sehr schöns Buch übern Villon gschriem. Ja, der Reiser waar a Kapitel für sich. – Und die ham immer große literarische Veranstaltungen ghabt mit Namen von Rang. De warn meistens in der Tonhalle. Dann ham sie aber nebenbei immer schon kleine Abende ghabt, die warn meistens in Schwabing draußen. Und die warn natürlich die schönern.

Da Carossa war oana von den Großen, die also im Großen Saal glesn habn. Dann der Borchert – war a Kulturphilosoph. Von dem weiß ich einen Satz, der is mir im ganzn Lebn bliem, und i bin eahm eigentlich dankbar dafür: Vividur in genio cetera mortis sunt – Leben ist nur im Geist, alles andere ist des Todes. Des hat ma ois so gfalln als junga Mensch, und des is ma bliem bis heit. Dem Billinger bin i a paarmoi begegnet im Simpl ... Und da kam er amoi nachts herein, war leicht bsuffa und der guate, liabe Julius Kreis dabei. Aber es war a ganze Horde, die da kumma is. I woaß net wo s' herkumma san. Und dann ham die, die drin warn, die Gäste, de ham an Billinger gebeten, er mecht doch was vortragn. Und dann hat er sich schließlich herbeilassn, muaß i sagn. Und was moanst, was er vortragn hat? Unter dera bsuffan' Gsellschaft? Der Traum in Straubing! Da hob i eine solchene maßlose Wuat kriagt, weil i des Gedicht so gern hab. I mog's heit no. Ich halt's für was vom Schönsten, was es gibt ... »Der Traum in Straubing.« Jedenfalls hat er Perlen vor die Säue gschmissn. Dann war der Redakteur vom »Völkischen Beobachter« bei mir gsessn – ein versuffas Wagscheitel, a Pfälzer, ein unpolitischer Redakteur ... Der Ruster Jackl. Mit a solchan rotn Nasn. Aah, hat der a Weinnasn ghabt!

Die hätt in der Pfalz ins Museum ghört! Und der hat si aa g'ärgert. Und während er des no vortragn hat, ham uns mia hi'ghockt und ham gschwind im Billinger-Stil, der war ja leicht zu treffn, ham wir also ein Gedicht gmacht »Der Dichter auf dem Podium«. Und wia er fertig war mit seim »Traum in Straubing«, bin i nauf und hab des vorglesn. Worauf er gsagt hat »Zahln« und verschwunden is. Da hat er eahm graucht!

I hab ja allerweil gmoant, i muß a des alte Schwabing wiederfindn, wenn i in München bin. I war mit am Stück Simplicissimus aufgwachsn – der Vata hot zwoa Bände versteckt ghabt, die hab i gfunden, und mit dene hab i glebt ...

Ja, des war a alte Truha am Speicha drobn. Zwoa Bänd »Simpl« und zwoa Bänd mit da »Jugend«. De hat er als Hilfslehra ghabt. Und, na ja, wenn a Huifslehra an »Simplicissimus« glesen hat, des war scho – bezeichnend. Na schön, er hat's versteckt, aber wie gsagt, i hab s' gfunden. Und des hat ma halt unheimlich imponiert. Im übrigen hab i den großen Bücherschrank ghabt vom Pfarrer Retzer, von meim Onkel in Niederaltaich ... Und Literatur, des war allerweil scho was Schöns. Da hab i also dann Anschluß gsuacht an Schwabing ... Bis mir dann die »Argonauten« unterkumma san. Na bin i zum Heimeran naus in die Dietlindenstraß und hab dem gsagt, ich daat gern dazugeh. Selbstverständlich - warum nicht, net wahr? Nacha hot er mi glei braucht zur Vorbereitung von am Faschingsfest. Des war in den Cherubin-Sälen ... im Hotel »Vierjahreszeiten«.

Ich glaub, der schönste Ballsaal, den's damals in München gebn hat. Ja, also so im Oktober oder im November, wia halt d' Uni wieder oganga is, bin i zum Heimeran. Und dann war der erste Fasching. Und da hamma die erste Faschingszeitung rausgebn, des war die »Kuhhaut«.

Die »Münchner Neuesten Nachrichten« san früher im Quartformat erschienen. Und eines Tages ham s' umgstellt auf des berühmte große Format, des s' dann allweil ghabt ham. Des heit aa die »Süddeutsche« hat. Und wie s' umgstellt ham, hat der Erzfeind der »Münchner Neuesten Nachrichten«, der Doktor Sigl vom »Bayerischen Vaterland«, geschriem: »Heute morgen bin ich richtig erschrocken. Ich saß beim Frühstück und wartete auf die Zeitung. Da legte man mir eine Kuhhaut auf den Tisch. »Weil s' so groß war.«

Johann Baptist Sigl, gebürtig aus Ascholtshausen (sogar eine Gedenktafel weist darauf hin), gab die Zeitschrift »Das Bayerische

Vaterland« heraus. In einer öffentlichen Veranstaltung erzählte Retzer einmal diese Anekdote über Sigl:

> Einmal wurde er eingesperrt. Er hat nicht nur jeden Tag, wenn's gangen ist, die »Münchner Neuesten Nachrichten« beleidigt, sondern so oft wie möglich die Preußen mit ihrem König, und eines Tages ham s'n in Berlin eingesperrt. Und als er wieder frei wurde, der Majestätsbeleidiger, da ist er, mit Gott und der Welt zerfallen, im Schnellzug nach München heimgfahrn. Und weil er nichts sehen wollte, hat er sich in den preußischen Landen in seinen Havelock eingehüllt und wollte von niemand was wissen. Nun saß vis-a-vis von ihm jemand, der hat ihn doch gekannt. Wie in Leipzig der Zug hält, und draußen der Zeitungsverkäufer vorbeigeht, da lehnt er sich zum Fenster hinaus und sagt: »Geben Sie mir bitte mal die ›Münchner Neuesten Nachrichten‹ – und – ja, geben sie mir auch das ›Bayerische Vaterland‹. ... Das war für'n Doktor Sigl einfach unverständlich, und er hat sich so aus seinem Havelock herausgewickelt, und wie's wieder weitergefahren sind, hat er dann doch amal gefragt: »Verzeihen Sie, darf ich eine Frage an Sie richten?« – »Bitte, wenn ich sie beantworten kann – worum geht's denn?« – »Ja, es ist seltsam: Ich möchte gern wissen, warum Sie sich eben zwei Zeitungen – und gerade diese beiden Zeitungen gekauft haben!?« – »Ja, ich kann's Ihnen schon sagen, aber Sie dürfen mir nicht böse sein. Die ›Münchner Neuesten Nachrichten‹ lese ich – und das ›Vaterland‹ mit seinem netten Format, das reiß ich in der Mitte durch, dann hab ich's für hinterlistige Zwecke ... « – Sagt der Sigl: »Machen Sie das vier Wochen konsequent, dann is Eahna Arsch gscheiter wia Ihr Hirn.«

Die Faschingszeitung der Argonauten wurde, wie gesagt, frei nach Johann Baptist Sigl, »Die Kuhhaut« genannt.

> ... und die ganze Faschingszeitung war eine Derbleckerei der ›Münchner Neuesten Nachrichten‹. Diese Faschingszeitung hatte zur Folge, daß die Hauptmacher dieser Zeitung (vor allem der Heimeran) in die Redaktion der »Münchner Neuesten« geholt wurden. Der Eugen Roth war da scho, der kam eher nei – dann kam der Heimeran nei, dann der Karl Ganser. Mir alle san dann Mitarbeiter von der »Münchner Neuesten« wordn. Und so bin i eigentlich zur Presse komma ... Und 's Jahr drauf erschien die »Gänsehaut« ..., aber von den gleichen Leuten gemacht, die z'erst die »Kuhhaut« gemacht habn ...

Bis zum Sommer 1932 ist Retzer Mitglied der »Münchner Neuesten«, Redakteur »für Vermischtes« bei den »Münchner Neuesten«. Inzwischen ist das »Tausendjährige Reich« angebrochen, und Retzer wagt eine Mutprobe: die Rotkäppchen-Parodie.

Retzer hat die Rotkäppchen-Parodie, die das ganze NS-Wesen mit all seinen Einrichtungen und Propaganda-Parolen von vorn bis hinten lächerlich machte, vierzig Jahre später öffentlich vorgetragen. Die Heiterkeit seines Auditoriums darf nicht darüber hinwegtäuschen, daß die Drucklegung eines solchen Textes 1936 ein Spiel mit dem Leben war. Freilich ließe sich Retzers Kühnheit mit dem Einwand schmälern, daß er nicht anders konnte, als das tun, was er schon immer getan hatte und immer tun sollte: die Wahrheit unbeirrt gegen das zu halten, was die Zeit für wahr hielt.

> ... ich habe ja auch die Frau vom Goebbels beleidigt in dieser Faschingszeitung, in einem Theater-Inserat »Der Wettstreit der Königinnen«. Des war die Magda Goebbels und die Frau vom Göring. Es war einiger Wirbel ... Amoi ham s' mi in der Gestapo vorg'lad'n und ham mi ausgfragt – g'rad weng am »Rotkäppchen«. Im Sommer dann, beim Sommerfest der Berliner Presse, is da Goebbels noamal drauf zruckkumma und hat gsagt: »Wenn in München die Ratten glauben, sie könnten aus den Löchern kommen, so täuschen sie sich.« Da war dann Schluß mit allen Faschingszeitungen.

Den Krieg machte Retzer bei den Landesschützen in Frankreich und Belgien mit. 1944 wird Retzer zu einem Grenadierregiment versetzt. Als Schwerverwundeter entgeht er dem letzten Verzweiflungskampf in Ostpreußen und Schlesien. Heimgekehrt sucht er wieder Anschluß bei der Presse, zuerst in Stuttgart und Nürnberg, seit 1948 endgültig beim Münchner Stadtanzeiger.

> Und dann kamen eines Tages die Turmschreiber. Und des hat ma, glaub i, der Hannes König g'sagt, daß die da bei eahm drobn irgendwas gründen woll'n. Und da bin i dazuaganga, und de ham mich freudig aufgenommen ... im Isartorturm. Und dann hat der Oskar Weber g'sagt: »Geh, geb'n S' ma doch a paar von diese G'schicht'n fürs Boarisch Herz.« Und so is des oganga.

Unvergeßliche Erinnerung für die, die dabei waren: Urväter-Hausrat im Volkssängerlokal, und inmitten Retzers Kasperltheater, von dem er seinen Spott auf die Zeitgenossen losließ, ganz vorn die »Rostra« (eigentlich war es ein ausgedienter Kutschbock), auf der die Dichter sprachen.

Einen bevorzugten Platz nimmt in Retzers Biographie die katholische Kirche ein – und weil wir in Retzers Biographie zur Zeit der »Reformen« kommen: Er, der immer gegen den Stachel löckte, wenn es *nicht* opportun war, macht auch in dieser Hinsicht aus seinem Herzen keine Mördergrube. Immer wieder klagt er: Ich verstehe nicht, warum man uns zumutet, all das zu vergessen ...

> Ich verstehe nicht, warum man uns zumutet, alles das zu vergessen, was war, womit wir großworn sein, an was mir glaubt ham, und worin mir aa glücklich warn. Daß man des alles vergißt und wegschmeißt und plötzlich ganz was Neues tut. Und wenn i mir hundertmal sage, es san Äußerlichkeiten, das tröstet mich nicht, ich kann damit nichts anfangen.
>
> Und das zweite, was ich auch nicht verstehe, is des, daß s' aufs Latein verzichten. Ich habe miterlebt, grad im Krieg, bei französischen Gottesdiensten, das heißt belgischen, da hab i amal ein Abkommen troffen mit dem Pfarrer von Gent. Da ham mir an Wachtposten g'habt, und meine Soldaten ham g'sagt, sie taaten gern in d'Kirch gehn am Sonntag, weil mir a bissl weg waren vom Bataillon. Und der Pfarrer hat dann mit seine Leut gredt, und die ham g'sagt, sie ham nichts dagegen. Meine Leut san natürlich in Uniform in d'Kirchen, und es ist ja net grad selbstverständlich, daß man sich beim Gottesdienst in die Gemeinde als Besatzungssoldat einmischt, aber das haben die ohne weiteres gmacht, und meine Soldaten san hoamkommen am ersten Sonntag und ham g'sagt: »Herrgott, tut dir des guat!« Einfache Leit, – die gleiche Kirche wie dahoam, bloß predigen tut er halt anders. »Bloß« predigen tut er anders. Aber des, was sie wollten, d'Mess', das Amt, war genau so wie in Niederbayern drunt oder im Allgäu, wo s' herwar'n. Daß man des aufgeben hot, das versteh' i net.
>
> Gut und schön, i hab natürlich scho Latein können. Wenn man halt in der Kirch' diese Messen g'sungen hat, ob des a einfache Gruber-Mess' war, ob's a 'Mozart-Mess' war, oder wenn man in München dann die großen Messen g'hört hat, Latein war ja nicht eine Sprache

149

wie Französisch oder Englisch, das war die Sprache, mit der man den Herrgott angesprochen hat. Und da is' oan halt feierlich worn.

Und wenn oaner eingraben worn is, und so die ganzen Grabgesänge, das war doch so tröstlich und schee. Bei Prozessionen, vor allem bei Leichenbegängnissen is man durchs Dorf gangen, und da is dann plötzlich das Latein g'sungen worn.

In an niederbayerischen Bauerndorf von 1920 oder '30. Ich kann mir net helfen, des war halt was anders. Mein Gott, wenn oaner krank war auf dem Dorf, weil mir jetzt davon reden, dann is er versehen worden, dann is also der Hochwürden komma und hat sein Chorrock ozogn und das Allerheiligste tragn mit an Manterl drüber, und der Ministrant mit dem Glöckerl is mitganga. Ja, wenn der Pfarrer durchs Dorf gangen is mit dem Herrgott in der Hand, da hat man sich halt hinkniat, und a jeder hat gewußt, der und der wird versehn. Heut' siagst des ja nimmer.

Wenn heut' oaner versehn wird, das gschiacht in aller Heimlichkeit, das soll neamand wissen. I muaß dazusagen, i war im Kriag, und alle, die im Kriag waren, die ham ja g'wußt, was Glauben heißt, die ham ja g'wußt, was a Vaterunser is' und was a Stoßgebet is'. Da hat sich's ja rausg'stellt, was *da* war, an was man sich halten hat können! Wie gar nix mehr da war, wie alles kaputt war und brochen war, da is des gstanden. Und nachha bist hoamkomma, da war aa alles hi, dann host halt bloß no des g'habt. Und des ham s' dir auf oamal aus der Hand g'nomma ...

Als Münchner Journalist hat Retzer einmal über den Viehmarkt in Pocking zu berichten. Die Schilderung der Umstände ist seine bekannteste Erzählung geworden. Eine Prosa voller Kraft. Der Stier von Pocking.

Für welche Auftraggeber hat er sie geschrieben, seine Geschichten?

Ja, erst für mi und für die Turmschreiber und dann fürs »Boarisch Herz« [eine Sendereihe des Bayerischen Rundfunks]. Aber mein erstes öffentliches Auftreten war beim Martin Lankes in der »Barke«. Des war im Kunstgewerbehaus mit'm Hans Pletzer und mit'm Joseph Maria Lutz. Und da hat ma da Joseph Maria Lutz vui Muat g'macht. Er war schon ein wunderbarer Mensch – ein Pfundskerl.

Fragt man einen Dichter nach seinem Lieblingsdichter, wird einem manches erklärlicher an seinem Werk. Retzer antwortet auf die Frage nach seiner Lieblingslektüre ebenso spontan wie er es bei Schubert getan hat:

> Ja, – Stifter.

Und dann erst sagt er her, was er sonst noch schätzt:

> Die ganze mittelalterliche Schwankdichtung! Zum Beispiel, ich mog narrisch gern große Romane über die Bauern, den polnischen Roman, der an Nobelpreis kriagt hot. Ich mag furchtbar gern an Timmermanns, die Norweger, ja Timmermanns, und auch die andern Flamen, Stijn-Streuvels zum Beispiel, des san halt Pfundskerl. Nur mit der neueren Literatur befasse ich mich eigentlich jetzt recht wenig.

Warum?

> Sie geht ma net ob! I moan, i hör ma an Kroetz, i schau mir an Kroetz o, i les an Kroetz, ich kenn ihn sogar. – Aber na ja schön, soll er... Ja, nun kommt der Britting dazu, net wahr, der Dieß. Na, ja, die paar Sachan, die vom Peinkofer do san, und der Brunnkoab – der Brunnkoab is was Wunderbares... Vor allem aber und immer wieder Adalbert Stifter. Den nimm i oiwei wieder... Da ist hoit der Woid drin.

Auf die Frage, wie er, der den weiland Dr. Sigl gar nicht so uneben gefunden hat, zu Bayern stehe, sagt Retzer:

> Da müaßat ma fast ein politisches Bekenntnis ablegn, aber warum nicht? I bin no unter dem König geborn und aufgewachsn, jedenfalls so alt worn, daß i no an Begriff hab. Ich hab des Leichenbegängnis von Ludwig III. mitg'macht als junger Gymnasiast und habe das Leichenbegängnis vom Kronprinz Ruprecht mitg'macht – da is a Stück Bayern mit zu Grab tragn worn. Darüber gibt's koan Zweifel. Wer den Zug durch die Ludwigstraß g'sehng hat, der hat es g'spürt. Des laßt sich nicht leugnen. Und für mi war nach wie vor die vorbildliche Staatsform die oide boarische Monarchie. Diese wunderbar demokratische Form der Monarchie.

Alles, was recht ist: »Ludwig Maximilian« hat Retzer geheißen, das sind gleich zwei Wittelsbacher Namen auf einmal.

> Mir ham gern an Herrn, mit dem ma redn kann, und des hat ma halt mit de Wittelsbacher könna und sie warn halt Bayern, wias mir aa san – und sie ham eahna Volk verstandn. Gut und schön: In siebenhundert Jahr is allerhand passiert, und net wahr, wenn heit die andern komma und »Lola Montez« grinsen, na, dann laß' halt grinsen! Wo gibt's des net? Heit hot a jeder – Direktor scho bald sei Lola Montez, net!?

Wugg Retzer war schwerblütiger und schwermütiger als Wilhelm Dieß. Er wußte, daß unser bestes Erbteil – die Erinnerung ist. Einen Satz, der von Wilhelm Dieß stammt, hätte aber unbedenklich auch Retzer unterschreiben können: Der Fortschritt ist nur den Menschen eigentümlich, die Welt im übrigen kennt ihn nicht.

Wie ein Vermächtnis klingt es, was er, der aus der Mundart und in der Mundart lebte, über die Zukunft unserer Mundsprache sagte:

> Die Mundart wechselt ja, die Mundart entwickelt sich. Die Mundart kann net gleich bleim, so wia Latein gleich bleibt. Und des, was wir als Mundart g'sprocha ham, als Muattasprach g'sprocha ham, des stirbt ab. Des stirbt eigentlich erstaunlich schnell ab.
>
> Es wird narrisch viel in Mundart g'schriem heit, und es wird narrisch viel für die Mundart getan, aber was hoaßt da ›Mundart‹? Eigentlich muaß a jeda die Sprache vasteh, die er dahoam g'redt hat, die in seiner engsten Umgebung d'Leit gredt ham, die d' Muatta gredt hat. Und de is ja überoi anders. Aber ich sehe vor allem eines, ich sehe bei meine Mundart-Leit, bei meine Bauern draußen, die's ja oiwei no am saubersten sprechn, daß die Einflüsse immer ärger werdn durch die moderne Reklame, durch die moderne Lebensart, durch die Umwandlung der ganzen bäuerlichen Welt, vor allem durch das Fernsehen! Wenn's de Leit sehng, die eahna imponiern und die sie selber gern waarn, da hörn s' dann, wia die redn. Und dene reden's nach.

Viele Wörter geraten in Vergessenheit, vor allem von Gegenständen, die es nicht mehr gibt, bäuerlichen Gebrauchsgegenständen.

> ... Sehr viel Arbeit gibt's ja heut gar nimma. Und damit san die ganzn Handwerkszweige, damit ist die ganze Tätigkeit auch vorbei, und dann genga die Wörter natürlich auch z'grund. Ich glaube, daß

zur Mundart eine eigene Art des Denkens g'hört. Ein Mann, der Schriftdeutsch spricht, wird anders denken als einer, der Mundart spricht. Des Denken, des is noch vorhanden. In einer Mundart kann ma manche Dinge einfacher, präziser, schöner sagn als in der Schriftsprache. Solang des no is, so lang gibt's auch eine Mundart. Aber unsere *schöne* Mundart, die stirbt ab.

Am 15. April 1984 ist Wugg Retzer in München gestorben. Es war der Palmsonntag. Eine unübersehbare Menschenmenge gab ihm auf dem Waldfriedhof das letzte Geleit. Er war heimgekehrt. Vielleicht hat er es so gemeint, als er sich selbst einmal mit vier Zeilen Mut machte:

> I hab amal an Waldlerbauern g'fragt,
>
> was für an Extrawunsch er heed.
>
> Da hat er nachsinniert a Weil und g'sagt:
>
> »Dahoam sei', wenn's auf d'Nacht zuageht.«

Es gibt keine Ruh
fürs Menschenherz
als sein Stillestehn

Benno Hubensteiner
(1924 – 1985)

Zum erstenmal saß ich ihm gegenüber in einem nicht allzu geräumigen Chefzimmer des Bayerischen Rundfunks, im sogenannten Riemerschmidbau. Das war 1961. Er richtete im Auftrag des Intendanten Christian Wallenreiter das »Bayerische Fernsehen« ein, das damals noch »Studienprogramm« hieß. Es war auf den ehemaligen Geschichts- und Kunstgeschichtsdozenten der Philosophisch-Theologischen Hochschule Passau zugeschnitten. Wallenreiter stellte sich einen betont musischen Fernsehdirektor vor, wie er ihn bereits in Walter von Cube für den Hörfunk hatte. Was für eine Zeit!

Mir saß also ein etwas gedrungener Mann vom bajuwarisch-mittelmeerischen Typus gegenüber, an dem die schwarzen Haare und Brauen, vor allem aber die tiefschwarz glänzenden Augen auffielen. Wir unterhielten uns über das ehedem bayerische Innviertel, das den Passauern vor der Haustür liegt. Auch zum Mühlviertel schweifte Hubensteiner ab, dessen von Stifter beschworenen landschaftlichen Reiz er noch über den des Innviertels stellte. Am eingehendsten sprachen wir über die besorgniserregend zunehmenden Kirchendiebstähle in Bayern. Ich schlug dem Fernsehdirektor eine Dokumentation der Kirchendiebstähle vor.

Hubensteiner hatte den Sessel des Programmdirektors, der dem schöpferisch-musischen Mann immer weniger behagte, inzwischen wieder mit der Lehrtätigkeit in Passau vertauscht (seit 1964 als außerordentlicher Professor), aber seine Münchner Wohnung beibehalten.

Dort, in Laim, durfte ich ihm aus Franz Stelzhamers berückend schönem Epos »D'Ahnl« rezitieren und hörte ihn sagen, als ich in der deckenhohen Bücherwand eine Reihe Billinger-Bände entdeckte: »Das ist Ehrensache!«

Zwei Jahre vergingen seit meinem Besuch in Laim. Wir kamen uns näher. Die Autographen Hubensteiners, die ich in einer Mappe verwahrte, wurden breiter, gehörten deutlicher zu meinem Leben, auf das ich heute durch ihn Rückschlüsse ziehen kann. Mein Hilferuf im Vierteljahresorgan des Bayerischen Landesvereins für

Heimatpflege: »Drohender Verlust der Heimat. Ausverkauf der Münchner Altstadt?«, fand bei ihm ein unerwartet heftiges Echo: »Ihren Aufsatz im letzten Heft der ›Schöneren Heimat‹ habe ich mit Befriedigung und Zustimmung gelesen«, schrieb er am 28. August 1966, »aber auch mit Zorn und Scham über die Sache selber. Was können wir wenigen eigentlich noch tun, um diese Welle von Dummheit, Niedertracht, Profitgier, zugereister Überheblichkeit und kindischem Fortschrittseifer aufzuhalten? Man müßte wohl alle, die noch guten Willens sind, organisieren, aber in einer politisch (und kommunalpolitisch) wirksamen Weise, die über das bourgeois gesittigte und gesättigte der bisherigen einschlägigen Vereine hinausgeht...« Dem von Dr. Leo Samberger ins Leben gerufenen »Münchner Bürgerrat« widmete er deshalb seine ganze Kraft und nahm zuverlässig an den Sitzungen im Preysing-Palais teil, hoch über Effners reich stukkiertem Treppenhaus. »Jedenfalls danke ich Ihnen«, schrieb er weiter, »soweit mir das als einem einzelnen überhaupt zusteht, für das offene und deshalb befreiende Wort. So wie ich Ihnen für den ›Apollonius Guglweid‹ danke, der mir, als einem Passauer und damit schon Quasi-Innviertler, über Weihnachten hin einige ruhige und besinnliche Stunden geschenkt hat.«

Daß mich dieser unverhoffte Gütestempel beglückte, läßt sich denken. An einem lauen Frühlingsabend des nächsten Jahres kam es dann zu Hubensteiners erstem Besuch in meiner auf dem Weg nach Altötting, Burghausen und Oberösterreich frisch bezogenen Heimstettener Wohnung. In der Hand hielt er beim Eintritt sein Buch »Die geistliche Stadt – Welt und Leben des Johann Franz Eckher von Kapfing und Liechteneck, Fürstbischof von Freising (1695 – 1727)«. Es war seine unter den Augen des mutigen Carl Ritter von Lama (der schon die »Bayerische Geschichte« betreut hatte) 1954 bei Richard Pflaum in Druck gegangene Dissertation. Unter den Schmutztitel hatte er mit breiter Feder die Widmung gesetzt: »Es ist eine Stadt in Bayern, die heißt Freysing: dort kehren die Musikanten ein...«

Es geschah an diesem Abend bei dem in tiefen Schlücken genossenen Bocksbeutel, daß der rare Gast mir sein bisher bescheiden verschlossenes Inneres auftat und von seinem Herkommen erzählte, vom gleichfalls auf den Münchner Stadtpatron getauften Vater, der aus Vötting bei Freising stammte. Als Schüler des »Bauerndoktors« Georg Heim war dieser Vater im ländlichen Genossenschaftswesen als Lagerhausverwalter tätig. Die Ehegattin hatte er sich aus einem Bauernhof bei Massing im oberen Rottal geholt. Ihr am 4. Dezember 1924 in Gosseltshausen bei Wolnzach in der Hallertau geborener Sohn besuchte die Volksschule, den Dienstversetzungen des Vaters folgend, in Geisenhausen (Niederbayern) und Neumarkt-Sankt Veit, von dort seit 1937 die Oberschule im ehedem salzburgischen Mühldorf am Inn. Das Kriegsabitur bestand der wegen eines schweren Herzleidens vom Militärdienst Befreite in Pfarrkirchen an der Rott. Den Vater, von dem er dieses Leiden geerbt hatte, verlor er 1943, mitten im Krieg. Bei seinen späteren Fahrten von der Münchner Wohnung hinunter in die Passauer Stadt konnte es ihm nie schnell genug gehen, erklärte er mir; die Herz-Angst, die ihn sein ganzes Leben nicht losließ, trieb ihn zur Eile. Er durcheilte auch seinen Studiengang, belegte elf Semester an der Münchner Ludwig-Maximilians-Universität, hörte ältere Germanistik, deutsche und englische Literatur, Kunstgeschichte, Geschichte. Daneben her lief seit dem Winter 1947/48 die Arbeit an der von Professor Max Spindler angeregten »Bayerischen Geschichte«. Man spürt auch am beglückenden Brio des bereits voll ausgeprägten Hubensteinerschen Sprachduktus die Eile, mit der dieser Frühvollendete sein Werk vorantrieb. Der bayerisch patriotische Unterfranke Max Spindler bildete eine unverwechselbare Gelehrtengeneration heran, zu der neben Hubensteiner Josef Pfennigmann, Andreas Kraus, Gertrud Diepolder und Helmut Dotterweich zählten. Sein Studium schloß Hubensteiner im Oktober 1953 mit dem Doktorat und der Auszeichnung »summa cum laude« ab.

Ein Jahr nach dem Besuch in Heimstetten, im Frühling 1968, stand Hubensteiner am »Kutschbock« der Münchner Turmschreiber im Volkssängerstüberl, zuoberst im südlichen Isartorturm. Dieses von Hannes König, dem unvergeßlichen Original (bei dessen Heimgang von Schallplatte die Internationale erklang) mit Urväterhausrat vollgestopfte Lokal, wo man tellergroße Ausgezogene aß und den Kaffee aus vergoldeten Namenstagshaferln trank, war bereits randvoll mit Erinnerungen an Chronisten, Essayisten und Erzähler wie Karl Spengler, Ludwig Schrott, Wugg Retzer, Eugen Roth, Ernst Hoferichter, Franz Xaver Breitenfellner und Joseph Maria Lutz. Nun gehörte auch Benno Hubensteiner zu dieser seltenen Gilde. Ich habe es heute noch im Ohr, wie er anhob: »Ist man wie unsereiner viereinhalb Jahrzehnte alt geworden, darf man schon eine Biographie haben...« Er reihte die erinnerten Stationen seines Lebens aneinander, knapp und bildkräftig: eine Freude, zuzuhören. Der Gymnasiast schrieb erste Beiträge für die Mühldorfer Zeitung. Als Studiosus war er dem Bayerischen Rundfunk ein gern beschäftigter Mitarbeiter, nach der Promotion fiel ihm fast selbstverständlich die Redaktion der Sendereihen »Bilder aus der bayerischen Geschichte« und »Unbekanntes Bayern« zu. 1956 trat er mit Erna Karl, einer waschechten Mühldorferin, an den Altar der Nikolauskirche und gründete als wohlbestallter Dozent seinen Ehestand in der neubezogenen Wohnung an der Passauer Bahnhofstraße, unweit von dem Haus, wo der Arzt Karl Carossa, Vater des Dichters, praktiziert hatte und gestorben war. Später zog man in den Steinweg bei Sankt Paul; Hubensteiners Passauer Bücherbestand sprengte jede Wohnung. 1958 erschien, wieder bei Pflaum, sein Werk über den bisher allzuwenig gewürdigten Simpl-Zeichner Josef Benedikt Engl, eine längst fällige Einzeldarstellung. 1962 wurde ihm dann im Münchner Künstlerhaus der Bayerische Poetentaler verliehen. Nach dem Wiederanfang in Passau erschien, diesmal im Süddeutschen Verlag, sein richtungsweisender Band »Vom Geist des Barock« mit dem für ihn kennzeichnenden Untertitel: Kultur und Frömmigkeit im alten Bayern. Da hatte man, plausibel zusammengefaßt, seine von profundem Wissen getragenen Kapitel über die Hochstifte und Diözesen, die Reichsstädte und das Luthertum, die ignatianische Welle, die Türken und Mariahilf, die Welt des Karmel, die Ecole française, die wittelsbachische Gegenreformation, die Barockprälaten, die exempla pietatis Pater Marco d'Aviano, Jakobus Balde, Bartholomäus Holzhauser und Maria Anna Lindmayrin.

Dann wieder war ich bei der Herausgabe von Kurprinz Carl Albrechts Tagebuch Nutznießer der Hubensteinerschen Spürnase in Lipowskys Biographie, in den Verzeichnissen bei Ferche oder in der alten Heeresgeschichte. Im Jahr der Verleihung des Bayerischen Verdienstordens an den Passauer Professor, schlug ich ihn bei der Innviertler Künstlergilde, der ich dank Hans Schatzdorfers Eintreten seit zwei Jahren angehörte, für die Aufnahme vor. Das entsprechende Autograph in meiner Mappe ist Hubensteiners Brief vom 3. März 1969: »Da ich ohnedies mit meinem Lehrstuhl in Passau und damit ganz an der Grenze sitze, hat es mich sehr gefreut, von Ihnen zu hören, daß die Innviertler Künstlergilde erwägt, mich als Mitglied aufzunehmen. Selbstverständlich würde ich mich gerne einschreiben lassen, denn ganz ohne Innviertler Luft komme ich ohnedies nicht aus ... Wenn Sie wieder nach Schärding reisen, grüßen Sie, bitte, Herrn Kommerzialrat Kapsreiter recht herzlich von mir.« (Gustav Kapsreiter, Industrieller aus Schärding, österreichischer Nationalrat, war befreundet mit so bedeutenden Künstlern wie Alfred Kubin, Richard Billinger, Max Mell, Paula Grogger, Karl Heinrich Waggerl, Franz Karl Ginzkey, Hans Carossa, Johann Nepomuk David, Hans Wimmer und Carl Zuckmayer, den er, als der Autor des »Hauptmanns von Köpenick« emigrieren mußte, bis Rotterdam begleitete.)

Beim Leichenbegräbnis Hans Schatzdorfers, des geliebten »Tischlerhans von Piesenham«, des begnadeten Mundartlyrikers und echtbürtigen Stelzhamer-Nachfolgers, sprach ich an seinem offenen Grab in Pramet. Hubensteiner bezog sich an Silvester 1970 darauf: »Im Jahrbuch der Innviertler Künstlergilde stehen Ihre schönen Worte über unseren Hans Schatzdorfer: sie haben mich fast an Billinger erinnert. Und jetzt rutscht uns das alte Jahr weg und ein neues steigt herauf. Es wird den üblichen Büffeltrott gehen ... Aber lassen wir trotzdem nicht aus!«

In Heimstetten, wo ich mit meiner Familie durch schattige Birkenalleen, den Zwiebelturm von »Kiram« im Blick, zur »Himmelmutter« gewandert war, einem naiv hölzernen Gnadenbild am bäuerlichen Feldrain, »wuchs« nun Betonblock neben Betonblock aus den Rendite-Äckern, verödete das Land zu Asphalt und

Neonpeitschen, hörte man bald nur noch nördliche Laute. Nichts wie weg und weiter nach Osten! Am 23. August 1971 besuchte uns Benno Hubensteiner mit seiner Gattin Erna und Präses Bauernschmid in Rappoltskirchen, erzählte von seiner Liebe zu Erding, wo er gern beim Mayr-Wirt in der Haager Straße einkehre (dort habe schon Herzog Albrecht dem königstreuen Widerstandskämpfer Franz Xaver Maier die Ehre erwiesen). Er fuhr dann, vorüber an Taufkirchen und Hubenstein (woher die Hubensteiner als Preysinger Hintersassen stammten), durch das Vilstal, an Aldersbach und Vilshofen vorbei, in die Dreiflüssestadt, wo er inzwischen dem Vorstand des Instituts für ostbairische Heimatforschung angehörte und den weit nach Osten zielenden Blickwinkel auf ein unverfälschtes Bayerntum hatte. In seinem neuen Buch – »Land vor den Bergen« – setzte er ihm essayistische Glanzlichter auf: »Der Wiener Kongreß«, »Mozart und der Erzbischof«, »Die Münchner Romantik«, »Johannes Aventinus«, »Das spanische Jahrhundert« und – sein Lieblingsthema – »Die Innschiffer«.

Ein Eintrag ins Gästebuch, mit »Dank für die schöne Kaffeestunde in Pfarrer Kißlingers altem Rappoltskirchen ...«, dazu ein Gstanzl von der tiefgründigen Art:

>»Und dahoam hamma scho,
>weida geht's nia.
>Bal's amoi weidageht,
>geht's dahoam vüa!«

Ein Bayerntum spricht aus solchen Zeilen, wie es feiner und stiller nicht gedacht werden kann, höchstens von Josef Hofmiller, dessen Lieblingsvierzeiler dies war.

Andere Zeilen übermittelte mir der im Dreiundsiebzigerjahr als Ordinarius für Bayerische Kirchengeschichte nach München Heimgekehrte und am Sendlinger Tor seßhaft Gewordene »zum Zeichen des Dankes für die vielen innviertlerischen Anklänge und Anregungen, die mir Ihr Werk bis heute immer wieder gegeben hat«. Und er schrieb einen Vers dazu, den der mit jedem

Atemzug des gegenwärtigen Todes Gedenkende zu seinen liebsten rechnete:

»Man merkt, daß Billinger die deutsche Grammatik auf dem Umweg über die lateinische Sprache gelernt hat. Und Stelzhamers Dialekt kann in Hexametern kommen, Welle um Welle, stürmisch wie der Inn: ›Mir haan alle vo heint und vo morign is neamt wia da Herrgott‹.«

Den wohl schönsten Hubensteiner-Brief empfing ich als Glückwunsch zu meinem 50. Geburtstag. Er sei hier ausschnittweise nicht wegen des Bezugs zur eigenen Biographie, sondern wegen des glänzenden Beispiels für Hubensteiners unverwechselbare Sprachkraft wiedergegeben. Erst bezog er sich wieder auf meinen »breiten Durchstoß« mit dem Erstlings-Roman, »damals bei Pflaum«, für den sich – wie bei ihm – Carl Ritter von Lama tapfer eingesetzt, und dem Richard Billinger ein fast beschwörendes Nachwort mitgegeben hat, »etwas vom Letzten, was Billinger überhaupt geschrieben hat«. Aber mindestens ebensoviel wie das Redigieren und Schreiben »wiegt wohl der persönliche Einsatz, den Sie überall dort gewagt haben, wo es galt, dem Bayerischen und Münchnerischen seinen Rang und seine Würde zurückzugeben. Mit der erwanderten und erradelten ›Bekh-Liste‹ der schützenswerten Häuser Münchens hat es angefangen, 1963, im Alleingang, lange vor den Denkmalschützern, den Fassadenpreisen und der Nostalgiewelle. Seither haben Sie – fast möchte ich sagen: haben wir! – manchen Strauß durchgeschlagen. Das Buch ›München in Bayern, Bayern in Europa‹ liefert Beweise genug dafür. Auch für Ihr streitbares Temperament, wenn es zum Raufen kommt ... Das Schönste dieser Jahre seit dem ›Apollonius‹ ist aber wohl, daß Sie und Ihre Familie draußen im Erdinger Holzland den festen Heimatboden gefunden haben, noch dazu im feinsten Jugendstil-Schulhaus, das es vielleicht in ganz Altbayern gibt. Muß einem diese Gegend nicht das verhaltene Wort schenken und die ganz eigene Stimme?«

Dann eine Turmschreiber-Lesung in der Feste Oberhaus, zu der Hubensteiner verbindende Worte sprach, bildkräftig, wie es die

Art seiner Universitätsvorlesungen war. Damals in Passau hatte er dieselbe unmittelbare und geschmeidige Sprache wie in der gleichzeitig bei Pustet verlegten »Lectio Bavarica« mit einer Retrospektive seiner Reden über das europäische Alpenland, das Komödienspielen, die bayerischen Orden, die Verfassung von 1818, die immer wieder bloßgelegten Beziehungsstränge zwischen Passau und Österreich. Auch die opulente, fünfbändige Bayerische Bibliothek (Texte aus zwölf Jahrhunderten), die Hubensteiner zusammen mit Hans Pörnbacher herausgab, wurde um diese Zeit auf den Weg gebracht; 1978 erschien die erste Lieferung: Mittelalter und Humanismus.

Dann die Bekanntgabe wertvoller Lesefrüchte über die »Castra Dolorum« des achtzehnten Jahrhunderts und ein Dank für meinen Glückwunsch zu seinem Sechzigsten, wobei er sich, nach Hofmillers Weise, von Gutenberg unterstützen ließ, aber gleichwohl einige handschriftliche Zeilen anfügte, er handle sozusagen in Putativ-Notwehr, »denn ich werde der Postflut sonst nimmer Herr«.

Zu eben diesem Sechzigsten wurde dem beliebten Lehrer von seinen Schülern eine Zusammenfassung seiner unveröffentlichten »Lebensbilder aus dem alten Bayern« dediziert, das Buch »Biographenwege«, mit einem Geleitwort Karl Schumanns. In diesen Tagen saßen wir nebeneinander und signierten unsere Bücher, ich händigte ihm den »Alexander von Maffei« aus, er überreichte mir seine »Biographenwege« mit der Widmung nach Westenrieder: »›Tuens fei recht gesundt und munter bleiben ...‹ – in herzlicher Bank- und Schreibgemeinschaft! Beim Hertie in der Buchhandlung.« Es war Hubensteiners letzter handschriftlicher Zuspruch, den ich in meiner Mappe verwahre. Den Gesundheitswunsch Westenrieders hätte er selbst am nötigsten gehabt. Wenige Wochen später vollendete sich sein Lebensweg.

Nachdem ich am 10. Dezember 1984 den ersten Teil der Reihe »Alpenländische Alpträume: Das große Weltabräumen« mit einem Exkurs über Irlmaier, Mühlhiasl und Sepp Wudy bestritten hatte, wäre ich gern auch beim zweiten Teil am 4. Februar 1985 dabeigewesen, einer Podiumsdiskussion im Bibliotheks-Saal des Kulturzentrums am Gasteig mit Horst Aulitzki, Carl Amery und Benno Hubensteiner. Sie stand unter dem etwas gespreizten Motto: »Historische und aktuelle Aspekte der bairischen Apokalyptik«. Ich las aber am selben Abend mit den Turmschreibern in der Kleinen Komödie und versäumte deshalb auch Hans Pörnbachers Vortrag bei der Ignaz-Günther-Gesellschaft. Wie mir später über das Geschehen am Gasteig berichtet wurde, erlebten die Teilnehmer dieser Diskussion einen Alptraum des aktuellsten »Aspekts«. Hubensteiner las über eine seiner Lieblingsgestalten: »Bartholomäus Holzhauser und die kleinen Propheten« aus Leonhard Reinischs Buch »Über die letzten Tage der Menschheit«. In der Pause hatte sich das Aussehen des Vortragenden erschreckend verändert; scheinbar unmotiviert ging er auf die Gattin Amerys zu, die in der ersten Reihe sitzen geblieben war, und bat sie zu ihrer Bestürzung: »Trösten Sie meine Frau.« Nach Veranstaltungsende löste er sich abrupt aus der Studentengruppe, die ihn umdrängte, forderte seine Frau auf: »Kümmer du dich um d' Leut!« und stürmte zur Garderobe. Dort brach er zusammen, die Garderobenmarke noch in der Hand. Er wurde, während die Besucher scheu nach allen Seiten auseinanderwichen, vom Notarzt versorgt, erhielt eine Infusion mit Pilokarpin (»Schau an«, dachte die Gattin geistesabwesend, »Carossas Leib- und Hausmittel tut auch hier seine Dienste«) und wurde ins Krankenhaus Rechts der Isar gebracht, wo man nur noch den Tod feststellte. Das von Hofmiller abgewandelte Augustinuswort hatte sich erfüllt: »Es gibt keine Ruh fürs Menschenherz als sein Stillestehn.«

In der brechend vollen Peterskirche zelebrierte Abt Odilo von Sankt Bonifaz ein lateinisches Requiem mit Libera an der Tumba. In Sankt Veit, hoch über Neumarkt an der Rott wurde seine sterbliche Hülle der Erde übergeben. Die katholisch-theologische Fakultät stand Spalier. Die einfache Kiste mit sechs Brettern und Griffen aus Hanf wurde ins Grab des Vaters gesenkt, auf dessen Stein, den Hubensteiner vor zweiundvierzig Jahren gesetzt hatte, vom gleichfalls längst heimgegangenen Bildhauer Paul Schwaiger ein Schiff eingemeißelt war und ein bedenkenswerter Spruch:

> Die Welt ist meine See
> Der Schiffmann Gottes Geist
> Das Schiff mein Leib
> Die Seel ists, die nachhause reist.

Dann sprach ich am Friedhofsausgang mit dem liebvertrauten Professor Audomar Scheuermann und mit Professor Hans Pörnbacher – der Alltag nahm uns wieder auf. Aber eine kostbare Gabe reichte uns der Heimgegangene aus dem Jenseits herüber: die gemeinsam mit Karl Hausberger besorgte »Bayerische Kirchengeschichte«. An Mariä Lichtmeß hatte er noch vorgeschlagen, diesem Band ein Pauluswort aus dem ersten Korintherbrief voranzustellen, zwei Tage später ruhte sein Herz in Gott. »Denn Stückwerk ist unser Erkennen, Stückwerk unser Weissagen. Wenn aber die Vollendung kommt, wird das Stückwerk abgetan ... Jetzt schauen wir in einen Spiegel und sehen nur rätselhafte Umrisse, dann aber schauen wir von Angesicht zu Angesicht. Jetzt erkenne ich unvollkommen, dann aber werde ich durch und durch erkennen, so wie ich selber durch und durch erkannt bin.«

Bayerische und österreichische Allerseelendichtung

Während ich diese Worte schreibe, höre ich vom Gottesacker, gleich vor meinem Fenster, Erdschollen auf einen Sarg poltern. Die alte Kramermutter ist zur letzten Ruhe gebettet worden. Die Dorfgemeinschaft hat ihr das Totengeleit gegeben.

Der Tod ist auf dem Dorf etwas Selbstverständliches, unmittelbar Erfahrbares. Nicht nur, daß man jeden Toten persönlich kennt, daß man sein Sterben und seine Rückkehr in den Schoß der Erde miterlebt – man besucht die Gräber seiner toten Brüder und Schwestern bei jedem Kirchenbesuch. Wohl den toten Freunden, die an einer Kirche ruhen dürfen.

Im oberen Innviertel hat es bis vor kurzem eine Kirche mit einem Ossarium gegeben. Das deutsche Wort dafür ist Beinhaus. In mehreren Schichten übereinander lagen die bleichen Schädel; jedem war ein Kränzlein aufgemalt und darein der Schreib- und Hausname, der Tag der Geburt und des Todes.

Der geschickte Dorfschreiner hatte jedem Schädel sein kleines Haus gezimmert; wie in einem Lädlein lagen die Schädel. Vor der Mauer aus aufgetürmten Schädeln stand eine Bank, auf der man knien konnte. Hinter der Schädelwand war als Fries um die Decke ein Totentanz gemalt. Auch Sprüche waren zwischen die Bilder gemalt. Ähnliche wie wir sie im berühmten Straubinger Totentanz lesen. Dort sieht man den Tod mit einem Köcher voller Pfeile auf dem Kirchhof stehen:

> Der Köcher ist noch voll, die Pfeile mangeln nicht,
> der Groben gibt es viel: sie sind gleich zugericht.
> Vielleicht bist du der erste, der oder die dies liest.
> Wer gibt dir Brief dafür, daß du es noch nicht bist?
> Du kannst es sicher sein, und wenn? Bist du bereit?
> Verweile dich doch nicht: es gilt die Ewigkeit.
> Der Tod heißt jetzt ein Mörder, jetzt heißet er Tyrann.
> Wieso? Was tut es denn? Er scheidet Leib und Seele.
> Sonst wirklich nichts ? Stürzt er denn nicht auch in die Hölle?
> O nein! Das ist, was nur allein die Sünde kann.
> So fürchtet denn die Sünd, o Menschen, nicht den Tod,
> denn Sünde stürzt auf ewig euch in bittre Not.

Das Ossarium in dem Innviertler Bauerndorf ist verschwunden, wie die vielen anderen Ossarien auch. Früher hat es bei jeder Kirche ein Beinhaus gegeben. Eine Verdeutlichung der Mahnung »Memento Mori!« Gedenke des Todes.

Ein junger Pfarrer hat das Innviertler Ossarium als eine seiner ersten Amtshandlungen beseitigen lassen. Der Mesner mußte die bemalten Schädel an einer geheim gehaltenen Stelle des Friedhofs vergraben. Mag sein, daß der Grund für dieses schnelle Handeln darin lag, daß es schick geworden ist, einen Totenschädel zu besitzen, und daß ein Totenschädel, auf dem als Jahreszahl 1845 steht, eine Antiquität ist.

Kurz, die reisenden Altertumsaufkäufer sind – einem steigenden Bedürfnis nachzukommen – stets auch auf der Suche nach Totenschädeln. Daß aus dem Innviertler Beinhaus immer wieder ein Schädel abhanden kam und einen durchaus nicht frommen Weg nahm, mag den jungen Pfarrer in seinem Entschluß bestärkt haben. Es mag aber auch bloße Modernität gewesen sein, denn die Abweisung des Gedankens an den Tod, zumal einer so naiven Ausformung dieses Gedankens, wie er in einem Ossarium zum Ausdruck kommt, ist ja sozusagen ein »Programmpunkt« der Aufklärung seit Jahrhunderten!

Der Vorgänger des jungen Pfarrers war an der Südseite der Apsis bestattet. Was er sich als Spruch auf das Blechtaferl seines schmiedeeisernen Grabkreuzes hatte malen lassen, zeigte den geistlichen Herrn in der Nachbarschaft von Geburt und Tod:

> Ich hab euch den Taufschwur abgenommen.
> Brechet ihn nicht.
> Ich hab euch eingepflanzt den Glauben.
> Verlieret ihn nicht.
> Ich hab euch gepredigt die Gebote.
> Übertretet sie nicht.
> Ich hab euch losgesprochen.
> Verscherzet die Gnade nicht.
> Ich hab euch den Weg in den Himmel gewiesen.
> Verlasset ihn nicht.

> Ich hab eure Ehen geknüpft.
> Kränket einander nicht.
> Ich hab eure Kinder liebgehabt.
> Verwahrloset sie nicht.
> Ich hab eure Toten ins Grab gesegnet.
> Vergesset ihrer nicht.

»Vergesset der Toten nicht«, ließ der alte Pfarrherr auf sein Grabkreuz schreiben. Es heißt, der moderne Mensch habe kein Verhältnis mehr zum Tod, verdränge den lästigen Mahner an die Vergänglichkeit alles Irdischen ins Unterbewußtsein. Das ist es, was die Handlung der Totenschädelsammler doppelt frevelhaft macht. Sie spotten deiner, Tod! Ein Sonett des jungen *Joseph Maria Lutz* mutet uns wie eine Weissagung an. Er hatte es geschrieben, als er gerade von einer Todeskrankheit genesen war. Weiblichen Geschlechts war ihm der Tod. La mort:

> Du bist die Hand, die so voll Güte streift,
> Du bist der Mund, der tiefste Küsse bot,
> Du bist die Liebe, die nur der begreift,
>
> der aus der Tiefe flehte in der Not,
> und dem Du wie ein Weib herangereift:
> Du schöner Traum, Du süße Fraue Tod!

Allerseelen

Den Allerseelentag begeht die Kirche zum feierlichen Gedächtnis aller abgeschiedenen Gläubigen. Abt Odilo von Cluny schrieb für seine Klöster schon um die Jahrtausendwende vor, daß am 2. November Messen für alle Verstorbenen zu lesen seien.

Die heilige Kommunion empfangen die Gläubigen als Unterpfand der ewigen Gottesgemeinschaft, die sie auch für die Armen Seelen erflehen. Es heißt vom modernen Menschen, es fehle ihm jene Gelassenheit dem bleichen Bruder gegenüber, die der Glaube spendet, die beruhigende Gewißheit: Es fällt nichts aus der Welt, es sei denn in Gottes Hand.

Blühen und Welken. Welken und Blühen. Die Blätter fallen, aber am Zweig sprießen schon die Knospen für das nächste Jahr. *Joseph Maria Lutz* wiederholt die alte tröstende Wahrheit, daß jedes Ende auch ein Anfang ist:

> Es fällt das Blatt, doch sieh den Zweig,
> der schon von Knospen übersät,
> und ahn' den Frühling schon und schweig
> vom Leben, das verwelkt und geht.

Der bäuerliche Mensch steht mit dem »Boandlkramer« auf du und du, er spielt – wie der Brandner Kaspar – sogar Karten mit ihm.

Die bayerische Dichtung, die Mundartdichtung vor allem, ist voller Beispiele für diese Gefaßtheit, die gerade dem Großstadtmenschen Trost spenden kann und die wohl in einer recht unsentimentalen Erkenntnis *Hans Schatzdorfers* gipfelt. Er spricht sie in innviertlerischer Mundart aus:

> Mensch, sei gscheit, sei zfriedn und denk:
> Guat is's, daß nix halt auf d' Läng!
> Laß das Alt' mit'n Tag voschwindn.
> Freudi muaßt zon Neuchn findn!
> Mensch, sei gscheit, sei zfriedn und denk:
> Guat is's, daß nix halt' af d' Läng!

Einer jüngeren Generation gehört der *Gaschperer Hannes* an. Und einem anderen Sprachgebiet. Grainau bei Garmisch rechnete zur Grafschaft Werdenfels. Was er sagt, ist härter und weniger trostvoll, ist nicht von der Weisheit des Alters überglänzt; in der Sache meint er nichts anderes. Who is Who? Es gibt eine Schwelle, hinter der das gleichgültig wird.

Abar oas woaß i gwiß:
I kchimm da oi, wou i muaß.
I kchimm da oi, wou's ös miaßts,
zwoa Metta tiaf, se-i wuite' it.

Friedhöfe

Ein Bauernfriedhof wird anders geschmückt als ein städtischer. Auf dem Dorf schätzt man Beeren und Laubzweige, wie sie die spätherbstliche Natur bietet. Die weiße Schneebeere, die rote Hagebutte, die scharlachfarbene Vogelbeere, die schwarze Ligusterbeere, die Rotdornbeere werden zu Ornamenten, Kränzen, Buchstaben und Herzen gefügt, werden in die samtschwarze, gesiebte Moos- und Walderde gedrückt. Vogelbeeren dienen als Randleiste um das Grab.

Einen gewaltigen Einbruch des Stadtwesens gibt es bei den Grabsteinen. Ja, nicht einmal mehr städtisch sind sie, diese ausladenden Kunstmarmorblöcke, nur teuer und protzig. Den Mund kann einer sich fransig reden, der zu schmiedeeisernen Kreuzen auf dem Dorffriedhof des Unterlandes rät. Umsonst. Einmal sah ich bei unserem Dorfschmied, der ein tüchtiger Kunstschmied ist, ein erfindungsreich geschmiedetes Kreuz heraußen an der Werkstattmauer lehnen. Aha, dachte ich, endlich eine Umkehr auf dem dörflichen Gottesacker. Doch als ich fragte, hörte ich, daß das Kreuz nach München komme.

Wenigstens im Grabschmuck ist man auf dem Land noch konservativ. Die lilafarbene Herbstaster und die gelbe Ringelblume werden zu Figuren gelegt. Dazu kommen Polstermoose, Tannenzapfen, Distelköpfe, Tannengrün, Wacholder, Föhrenzapfen. Nach zweitausendjährigem Volksglauben sind das Totenpflanzen, in deren Hut die Ruhe der Verstorbenen gegeben ist. Vor allem die Ringelblume ist bedeutsam, das sogenannte »Gottsackerbleami«. In einem alten Pflanzenbuch heißt es tröstlich über sie:

»Man soll die Ringelblume, die die Totenblume ist, nicht mit Scheu betrachten, denn sie ist ein Zeichen der Auferstehung! Das Samenringlein, das sie hat, dem sie Namen und Leben dankt, und das sich wie ein Ring ohn' Anfang und ohn' End herumlegt, wenn die Blütenblätter abgefallen sind, ist ein Sinnbild der Ewigkeit, die Bürgschaft des Sieges über den Tod!«

Es gibt berühmte Friedhöfe. Der Friedhof bei Sankt Peter in Salzburg gehört dazu und der andere Petersfriedhof in Straubing. Auch der Sankt-Johannis-Friedhof in Nürnberg kann sich an weltberühmten Toten mit vielen europäischen Friedhöfen messen. Der alte Südliche Friedhof in München aber, gleich draußen vor dem Sendlinger Tor, ist geradezu eine Gedächtnisstätte des europäischen Geistes. Mit Recht trägt er den Namen »Bayerischer Campo santo«.

Im Jahr 1789 hat man die Gottesäcker in der inneren Münchner Stadt gesperrt. Seit dieser Zeit ist für gut hundert Jahre der Südliche Friedhof der Münchner Zentralfriedhof geworden.

Leo von Klenze, der große Baumeister, liegt hier in einer prächtigen Gruft. Ganz in seiner Nähe wurde Friedrich von Gärtner bestattet, der Erbauer des nördlichen Teils der Ludwigstraße und der Feldherrnhalle. Der Chemiker Justus von Liebig liegt hier begraben, Simon Ohm, der Physiker, der Entdecker des Ohmschen Gesetzes. Joseph von Fraunhofer sodann, einer der größten Erfinder optischer Instrumente. Auch die bedeutenden Ärzte Johann von Nußbaum und Max von Pettenkofer liegen hier heraußen. Der Historiker Joseph von Görres, der Philosoph Franz Xaver Baader, der Theologe Ignaz von Döllinger, der Vater der Altkatholischen Kirche, die Historiker Lorenz Westenrieder und Felix Lipowsky, nicht zuletzt aber der Erfinder der Stenographie: Franz Xaver Gabelsberger. Bei den Künstlern wird die Zahl Legion: Die Komponisten Kaspar Ett, Franz Lachner und Joseph Rheinberger, die Maler Wilhelm von Kobell und Georg von Dillis, Karl Rottmann und Joseph Georg Edlinger, Heinrich Bürkel und Moritz von Schwind, Carl Spitzweg und der Schöpfer der Schönheitengalerie Joseph Stieler, die Bildhauer Roman Anton Boos, Johann Baptist Straub und Ludwig Schwanthaler.

Marterln und Totenbretter

Zu Allerseelen gehört auch die Erinnerung an das Marterl: Ein liebenswerter Brauch in den bayerisch-österreichischen Alpen, der auch heute noch nicht ganz abgekommen ist. Stirbt einer durch Gewalt oder Unglücksfall, dann setzt der Bergler an die Todesstelle gern ein Marterl, dem jäh Verblichenen zum Andenken, dem Wanderer als Aufforderung zum Gebet.

Es liegt oft viel volkstümliche Poesie in diesen Versen, ein Zeichen, daß sich der Humor sehr wohl mit dem Tod versöhnen kann. Kurz und bündig ist ein Marterlspruch aus Brixen in Südtirol:

> Im Leben rot wie Zinnober,
> Im Tod wie Kreide bleich,
> Gestorben am 17. Oktober,
> Am 19. war die Leich.

Auf einem Marterl im Tiroler Pitztal steht geschrieben:

> Hier liegen begraben,
> Vom Dunner erschlagen,
> Drei Schaf, a Kalb und a Bua;
> Herr, gib ihnen die ewige Ruah.

Auf einem Leichenbrett im Bayerischen Wald heißt es:

> Mein Kind, das war ein Rosenknopf,
> Wollt eine Rose werden,
> Da kam der Tod und roch daran
> Da war's nicht mehr auf Erden.

Im Bayerischen Wald und in der Oberpfalz finden wir heute noch auf einsamen Hügeln oder nahe einer Kirche Totenbretter aufgestellt. Was diese Bretter bedeuten, darüber gibt uns eine Mundartstrophe aus der Nabburger Gegend Aufschluß. *Maria Schwägerl* hat sie geschrieben:

Asbloicht sans vo da Sunna,
dawaschn von Regn.
Af an je'n vo dene Bre'ln
is a Touts scho drafglegn.

Werden und Vergehen

Gerade der Bauer weiß um das Geheimnis des Werdens und Vergehens, gegen das es kein Widerstreben gibt. *Joseph Maria Lutz*, der von Bauern der Hallertau abstammt, spricht davon:

»In unserer Trauer an den Gräbern soll ein Versprechen enthalten sein, in unserer Lebenszeit jene Arbeit zu tun, die uns von den Ahnen überkommen und aufgetragen ist und die die Kommenden von uns erwarten. Jeder Bauer ist Glied einer lebendigen Kette; er kann nicht ausbrechen. Bricht er aus, so ist er wertlos, wie die Kette wertlos ist, der ein Glied fehlt. Der Bauer ist zwar Herr seiner Erde, die ihm vererbt wurde, aber diese Erde ist zugleich sein Herr. Sie fordert von ihm die Fortsetzung der Arbeit, welche die Abgeschiedenen getan haben.

Tut er sie nicht oder nur gezwungen und nachlässig, so stirbt der Acker und wird unfruchtbar, es stirbt der Hof, und es sterben dann erst die Vorfahren, die im Acker und im Hofe weiterleben. Wer dies im trüben November bedenkt, dem geht als Trost in der Trauer das tiefste Geheimnis des Bauerntums auf, nämlich dies, daß der Bauer immer zugleich in drei Zeiten lebt: in seinen Vorfahren, denen er alles verdankt, was er ist, dann in der Gegenwart, die von ihm alles zu tun verlangt, was die Vorfahren taten, und in der Zukunft, für die er in seinen Nachkommen verantwortlich ist.«

In seinem letzten Lebensjahr schrieb *Joseph Maria Lutz* von der Kraft und Bedeutung des Feuers:

»Immer galt den frühen Kulturen das Feuer als heilig. Reine Jungfrauen hüteten es als Priesterinnen in Tempelbezirken und hafteten dafür, daß es nicht ausging. Als ferne Erinnerung an diese frühen Menschheitstage brennt in unseren Kirchen vor dem Tabernakel das ›Ewige Licht‹, und an unseren Gräbern beten wir dankbar: ›O Herr, gib ihnen die ewige Ruhe und das ewige Licht leuchte ihnen! O Herr, lasse sie ruhen in Frieden‹.«

Der Tod ist kein »Betriebsunfall«, von dem man am besten nicht spricht. Nein. Es gilt, mit dem Tod zu leben, um ihn zu überleben. Er muß sein altmodisches Werk weitertun, das weiß man, wenn man Gott mehr fürchtet als den Tod. Wenn man sich täglich im Schlaf, der ihm so ähnelt, an ihn erinnert fühlt - und ruhig schläft.

Der Tod kann auch nichts ohne Gottes Willen tun, und nicht *sein* Arm holt mit der Sense aus, sondern *Gottes* Arm, der alles Fleisch so dürr macht wie Heu.

> Der Summa hat kaum einagschaut
> In unsern stillen Wald,
> Aft hat schon über d' Haberhälm
> Der Wind hergwaht so kalt.
>
> Die Wälder waren gelb und rot,
> Und über Berg und Au
> Hat sich a schwarer Nebel glegt
> Wie Tücher um a Trauh.
>
> O Schätzlein, fürchtest du den Herbst,
> Den kalten Herbst bei mir,
> Aft such dir einen Summa nur,
> Ich gönne gern ihn dir!
>
> Wohl brennt der Summa tief noch drin,
> Wo's Herz so heftig schlagt:
> Das is die Liab, i schweig davon,
> Hab's noch koan Menschn gsagt.
>
> Der Freithof is gar groß und leer,
> Das woaßt du guat, mei Schatz!
> Mei Leib kimmt in a Grüaberl nei
> Hat auch die Liab drin Platz?

Emerenz Meier ist die Dichterin dieser Verse vom toten Herbst. Und wir müssen erklären: »Der Trauh« ist die Truhe, der Sarg. 1874 war *Emerenz Meier* im Bayerischen Wald, in Schiefweg bei Waldkirchen, im Adalbert-Stifter-Land geboren worden. *Hans Carossa* hat von ihr geschrieben:

»Wenn sie so in ihrer schönen Volkstracht zwischen Wald und Getreide dahinging, so durfte man sie für eine selige Verdichtung der Heimat halten.«

1928 ist sie bettelarm in der Fremde, in Chicago gestorben. Der Wäldler *Josef Zeitler* ist von ihrer Erzählung »Der Juhschroa« beeinflußt, wenn er seine trostreichen Geschichten vom Sterben erzählt.

Das Leben wird jedenfalls weitergelebt, auch wenn der geliebteste Mensch stirbt. *Karl Stieler* gibt dieser Wahrheit in seinem Gedicht »Der Musikant« Gestalt:

»A Musikant spielt auf zum Tanz,
der hat a Bübei z' Haus, a kranks;
er woaß nit, bis er hoamzu geht,
ob er's no' antrifft oder net?

Und wie er z' Haus kimmt, spat, da siacht
er in der Kammer no' a Liacht;
drauß scheint der Mond, vom Turm schlagt's drei,
da war's mi'n Bübei scho vorbei.

Jetzt geht er 'nein – und d' Mutter woant.
›Oh mei‹, sagt s', ›allweil hab i g'moant,
Du sollst no' kemma hoam zu mir,
weil 's Bübei gar so tuat nach dir.

Grad allweil d' Handeln ausg'streckt hat er
und nix wia gfragt: Wo ist der Vader?
Gwiß zehnmal bin i ganga schaugen.‹
Der Vater fahrt si' über d' Augen.

> Die Leich, die war am Sunta fruah,
> und trauri schaugt der Vader zua;
> er legt sein Kranz hin – und auf d' Nacht
> hat er halt wieder Musi gmacht.«

Lust und Leid

Nimmst du Lust, so nimmst du Leid. Nur eines dem Menschen abzunehmen, ist sogar Beelzebub nicht erlaubt. Leugne die Süße der Wirklichkeit oder leugne sie nicht: Ohne Unglück kein Glück, ohne Gefahr keine Rettung, ohne Karfreitag kein Ostern, ohne Fasten kein Fest, ohne Frommsein keine Sünde, ohne Reue keine Vergebung, ohne Kranksein kein Gesunden, ohne Tod keine Geburt, ohne Sterben kein Werden.

»Denn ein Baum im Winterschweigen, der am Wege steht, ist an sturmzerzausten Zweigen knospenübersät.«

Das sagt *Joseph Maria Lutz*, dessen Denken immer wieder um diese Wahrheit kreist. Und wir kehren damit zum Ausgangspunkt dieser Betrachtungen zurück. Die Wirklichkeit vergeht nicht durch den Tod, Gott ist gestorben wie ein Mensch, damit er ganz wirklich sei.

Der Teufel will den Tod nicht, er will nicht, daß das Korn stirbt, weil er die Ähre nicht will.

> »Alles, was mit uns geschieht,
> trägt der Ewigkeiten Sinn –
> ob es Ende, ob Beginn,
> ob es Streit ist oder Fried.
>
> Rastet nun vom Jahre aus;
> Einkehr sei die letzte Pflicht –
> keine Zeit ist so voll Licht,
> als wenn Dunkel geht ums Haus.«

Erst als *Joseph Maria Lutz* gestorben war, haben viele gewußt, wer er gewesen war. Ich erinnere mich gut, daß ich zum ersten Mal durch die Räume ging, in denen er sein Leben zugebracht hatte, als er nicht mehr am Leben war. Was ich damals dumpf ahnte oder bang dachte, *Hans Carossa* hat es unnachahmlich gesagt:

>»Was einer ist, was einer war,
>beim Scheiden wird es offenbar.
>Wir hörens nicht, wenn Gottes Weise summt,
>wir schaudern erst, wenn sie verstummt.«

Da drängt es nun dazu, daß wir uns darauf besinnen, was der furchtbarste Schmerz an einem Grab wäre: Ein Schmerz, der im Vorwurf versäumter Liebe läge!

Wir leben noch, und deshalb sollten wir bedenken, daß Leben nicht nur Streben nach materiellen Gütern ist. Die Werte des Lebens liegen woanders. Trauer soll auch Gewissenserforschung sein und die Mahnung, Liebe zu geben, solange es Zeit ist.

Der Brandner Kaspar

Franz von Kobell, in dessen Geschichte der steinalte Tegernseer Jägersmann Brandner Kaspar Karten spielt mit dem Boandlkramer ums Dableibendürfen, weil er so viel Angst hat vor dem Sterben, Kobell läßt seinen Helden einen Blick in den Himmel tun; der Boandlkramer hat den hartgesottenen Todesfürchtigen nur ein bisserl mitgenommen an die Himmelspforte und will ihn gleich wieder hinunterkutschieren, das hat er dem Ängstlichen versprechen müssen.

»Der Petrus nimmt 'n Kaspern bei der Hand und führt 'n eini, aber der Boandlkramer hat draußt bleibn müssen. Und die zwoa stenga jetzt in an weitn Saal mit durchsichtigi Wänd wie gschliffas Spieglglas, und da hat ma weit nausgsegn in an Gartn mit die schönste Bloamen in alli Farben und mit großi Baam voll Aipfi und Birn und Pfersi und Pomerantschn grad a Pracht, und der Kaspar hat nit redn kinna vor lauter Verwunderung. Und in dem Gartn san die schönstn Engl rumgwandelt mit silberni Flügl und glanzedi Kranzln im Haar und danebn aa viel, viel Leut, und auf amal springa zwoa Burschn daher und juxn und ruafa: ›Ja, grüß Gott, Vater, Vater, grüß Gott!‹ und er derkinnt sein Girgl und sein Toni.

›Jesses, meine Buabn‹, schreit er und fallt ihna um'n Hals, und da schau! sei Traudl kimmt aa daher und sei Vata und Muatta und a ganz Rudl vo seiner Freundschaft, und is a ›Grüaß Gott‹ gwen hinum und herum und a Freud, daß ihm der Petrus, der zuagschaut hat, d' Augen gwischt hat.

Und in den Gwurl fliegt auf amal a kloaner Engl daher und sagt zum Kaspern:

›Kasper, der Boandlkramer laßt Enk sagn, er fahret jetz wieder abi, ob's mitfahrts?‹

›Na, liebs Bübi‹, sagt der Kasper, ›sag ihm, er soll no alloa fahrn; i bleib da und will nix mehr wissen vo der Welt drunt und sag Herr vergelts Gott tausendmal, daß ma die Gnad worn is, daß i daher kemma bi.‹«

Wenige Jahre vorher hatte *Kobell* gedichtet:

>»Wenn alles schö staad is und still in der Nacht
>Und i aus'n Fenster die Stern so betracht',
>So denk i mir oft und sag' ma: ha mei',
>Wie werd's wohl da droben in Himmi sei?
>
>Wohl sagn s', daß's dortn a Herrlikeit
>Wie's koani herunt auf der Erdn geit,
>Und dengerscht, so kimmt's do an jeden hart o',
>Wann er halt amal nimmermehr dableihn ko.

> Ja, ja, es is besunders des Leben dahier.
> Daß oana gern da waar, was kann er dafür?
> Und do muaß er furt, muaß gar gschwindi dahi,
> Oft wundert's mi, daß i so lusti bi!«

*Kobell*s Gedicht steht in der Nachfolge eines bayerischen Volksreimes:

> »Ich kam, weiß nit woher,
> ich bin und weiß nit wer,
> ich leb', weiß nit wie lang,
> ich sterb' und weiß nit wann,
> ich fahr', weiß nit wohin;
> mich wundert's, daß ich fröhlich bin.«

Versündigt euch an Allerseelen nicht mit hoffnungsloser Trauer, so sagte sich und allen Landsleuten der Maler *Hans Thoma*. Er fügte vier Zeilen hinzu und gab so den Versen vom Tod eine Wendung zum Trost:

> »Da mir mein Sein so unbekannt,
> geb' ich es ganz in Gottes Hand. –
> Die führ es wohl, so her wie hin:
> Mich wundert's, wenn ich noch traurig bin.«

Textnachweis

Jacob Bidermann: Der Schöpfer des »Cenodoxus«: Altbayerische Heimatpost Nr. 33/1989.

Hans Carossa: Zwischen Traum und Tag. H.C., ein bayerischer Dicher. Bayerischer Rundfunk: Erstsendung am 8. März 1975. Als Essay in: WJB: Dichter der Heimat, Regensburg 1984. Zitate aus Gedichten und Prosa in der zweibändigen Ausgabe: H.C. Sämtliche Werke, Frankfurt 1962.

Wilhelm Dieß: Die Heimat, von der ich rede, W.D., ein bayerischer Erzähler. Bayerischer Rundfunk: Erstsendung 1976. Als Essay in: WJB: Dichter der Heimat, Regensburg 1984. Darin Zitate aus den Erzählungen in: W.D. Das erzählerische Werk in Einzelausgaben (4 Bände), München 1976/77.

Georg Britting: Welt am Donaustrom. Als Essay in: WJB: Dichter der Heimat, Regensburg 1984. Zitate aus Gedichten und Erzählungen in: G.B. Gesamtausgabe in 8 Einzelbänden München 1957–67 und G.B. Sämtliche Werke in 6 Bänden, München 1987–96.

Joseph Maria Lutz: Vom Brandner Kaspar bis zum Geisterbräu. J.M.L. zum Gedenken. Bayerischer Rundfunk: Erstsendung 1973. Als Essay in: WJB: Dichter der Heimat, Regensburg 1984. Darin Zitate aus Gedichten, Erzählungen und Dramen in: Vertrautes Land, vertraute Leut, Pfaffenhofen 1968. Die mein Leben begleiteten, Pfaffenhofen 1972. Eine Auswahl, Pfaffenhofen 1957. Die schönsten Geschichten, Pfaffenhofen 1974. Das Beste aus seinen Schriften, Pfaffenhofen 1981, Stille Stunde, Pfaffenhofen 1975.

Max Matheis: ein Dichter aus Niederbayern. In: Schönere Heimat 4/1982 und: Der Turmschreiber-Kalender 1984. Als Essay in: WJB: Land hinter dem Limes. Dachau 1986. Darin: Zitate aus Gedichten in Bayerisches Bauernbrot, München 1941, Grafenau o.J. mit Illustrationen von Joseph Fruth, und »Spiegel einer Heimat«, Passau 1965.

Oskar Maria Graf: Aus dem dritten Band der Autobiographie: WJB: »Die Entdeckung der Nähe«. Darin: Kapitel »Oskar Maria Graf im Jägerhaus«, Pfaffenhofen 1999. Für das vorliegende Buch erheblich bearbeitet und erweitert.

Wugg Retzer: »Warum mutet man uns zu, all das zu vergessen?« Leben und Werk des niederbayerischen Erzählers W.R., zum 1. Todestag am 15. April 1985. Bayerischer Rundfunk: Erstsendung am 14. April 1985. Ungedruckt.

Benno Hubensteiner: WJB über B.H. in: Turmschreiber-Jubiläums-Kalender Pfaffenhofen 1995.

Bayerische und österreichische Allerseelendichtung: Erstsendung im Bayerischen Rundfunk am 2. November 1974. Als Essay in: WJB: Land hinter dem Limes, Dachau 1986.

Bildnachweis

Jacob Bidermann: Münchner Jesuitenkolleg, Stich von Michael Wening
Hans Carossa: Bilderdienst Süddeutscher Verlag, München
Wilhelm Dieß: Foto aus Privatbesitz
Georg Britting: Bilderdienst Süddeutscher Verlag, München
Joseph Maria Lutz: Foto von Hanns Wagner, Pfaffenhofen a. d. Ilm
Max Matheis: Foto Privatbesitz Käthe Matheis
Oskar Maria Graf: Bilderdienst Süddeutscher Verlag, München
Wugg Retzer: Archiv Turmschreiber Verlag
Benno Hubensteiner: Archiv Turmschreiber Verlag
Bayerische Totenbretter: Bildarchiv Erika Groth-Schmachtenberger

Wolfgang Johannes Bekh

wurde am 14. April 1925 in München geboren. Sein Großvater war ein bekannter Maler der Prinzregentenzeit, sein Vater Maler und Rundfunkschriftsteller. Bekh besuchte das Münchner Maria-Theresia-Gymnasium, stand in Kinderrollen auf allen Münchner Bühnen, war Schauspieler in Tübingen, Kiel, Heilbronn, Memmingen, München und Wien. Die Anstellung als Sprecher im Bayerischen Rundfunk ergab sich wie von selbst, der Redakteurssessel im »BR« war, wie Benno Hubensteiner mutmaßte, »extra für ihn gemacht«. Immerhin entstammten dieser Tätigkeit seine ersten Dichterporträts. Er selbst hat früh zu schreiben begonnen, anfangs in Stöße von Wachstuchheften, die er allerdings in einem Anfall jugendlichen Selbstzweifels samt und sonders einem Autodafé überantwortete, später auf richtigem Schreibmaschinenpapier. Computer hat er keinen und *wird* vermutlich auch keinen haben. Er pflegt dagegen die deutsche Handschrift, liebt die lateinische Sprache und zeichnet mit der Feder. Er ist verheiratet, hat vier Kinder und lebt im Erdinger Holzland.

Werkauswahl

Liste schützenswerter Münchner Häuser, 1963; Die Müncher Maler, 1964; Apollonius Guglweid oder Unterhaltungen mit dem Tod, Roman, 1965, 1991; Kalendergeschichten, 1966, 1973, 1980; München in Bayern, Bayern in Europa, Essays, 1969; Ein Wittelsbacher in Italien, Biographie, 1971; Die Herzogspitalgasse, Roman, 1975, 1985; Reserl mitn Beserl, Volksreime, 1977, 1984, 1994; Sehnsucht läßt alle Dinge blühen, Roman, 1978; Adventgeschichten, 1981; Alexander von Maffei, Historische Biographie, 1982; Tassilonisches Land, Essays, 1983; Dichter der Heimat, Essays, 1984; Land hinter dem Limes, Essays, 1986; Laurin, Beschreibung eines Innenraums, Roman, 1988; Alois Irlmaier, Biographie, 1990; Von Advent bis Lichtmeß, 1990; Mühlhiasl, Liebeserklärung an den Bayerischen Wald, 1992; Im Erdinger Land, Essays, 1993; Des geheimen Reiches Mitte, Roman, 1993; Therese von Konnersreuth, Biographie, 1994; München, Bildband 1995; Am Brunnen der Vergangenheit, Erinnerungen I, 1995; Münchner Winkel und Gassen, Essays, 1996; Selbstbildnis mit Windrad, Erinnerungen II, 1997; Traumstadt Schwabing, 1998; Die Entdeckung der Nähe, Erinnerungen III, 1999; Anton Bruckner oder Das Labyrinth, Biographie, 2000.